An American Tragedy

アメリカの悲劇！

古森義久
Yoshihisa Komori

「黒い疑惑」にまみれた
バイデン政権の奈落

ビジネス社

はじめに

アメリカはいったいどうなるのか。

アメリカに長年、接してきて、いま初めて深刻きわまる真の懸念を感じるようになった。

一九八〇年代に超大国の実力と威信を国際的に示したロナルド・レーガン大統領が、全世界にとっての「丘の上の輝く町」と評したアメリカ合衆国のあの雄姿は、どこへ行ってしまったのか。

ジョセフ・バイデンというアメリカ史上でも珍しい弱点を抱えた大統領を、混乱と対立の極のなかで生んだこの国はどうなるのだろうか。

いまのアメリカが苦しみ、傷つき、痛み、迷う現状をみると、どうしても「アメリカの悲劇」という表現が浮かんでくる。

私にとっては初めて現実の危機感をも覚えさせるほどの、パワーでも道義でも下降線をたどり始めたアメリカ合衆国なのである。

この書では、二〇二一年のそのアメリカが、第四十六代大統領のバイデン氏の下でどんな衰退や分裂に直面しているのか、なぜそんな苦境が生まれたのか、その結果として日本や他の諸国への影響はどうなのか、という諸点を報告している。

そもそもジョセフ・バイデンという人物がなぜアメリカの悲劇を象徴しているのかの解説だともいえる。


私のアメリカとのつきあいも、古くは留学生時代にまでさかのぼれば、すでに半世紀を越えた。ただしこの長い歳月をすべてアメリカで過ごしてきたわけではない。

だが学生として、ジャーナリストとして、あるいは研究者として、実際に住み、働いたアメリカはいつも活力に満ちていた。輝いていた。そして私自身にも希望や教訓を与えてくれた。

アメリカから離れて日本にいても、あるいはベトナム、イギリス、中国というような諸国にいても、遥かにみるアメリカは力強い存在だった。

人間にとっての自由という無比の権利を保証する民主主義の基本を、強大な軍事力を使ってでも守るというアメリカは、全世界の多数派の頼りだった。つい仰ぎみてしまう対象だった。

アメリカが好きでも嫌いでも、さらにはアメリカの内部で揺れや衝突があっても、この超大国はこの地球が真の危機を迎えた際には、必ずやその救出に乗り出してくる、というような素朴な思いを共有する人たちは、多数の諸国に存在してきたといえよう。

だがその最後の期待のようなアメリカ観が揺らぐようになった。少なくとも私自身はそうした不安の感覚を禁じ得ないのである。

その目前の理由は、ジョセフ・バイデンという人物のアメリカの統治能力、指導能力の不安だといえよう。そしてそんな人物を国家元首に選んだいまのアメリカ国政のメカニズムのゆがみだともいえよう。

そんな不安をごく簡単にまとめれば、「アメリカがアメリカでなくなる」という懸念である。

もっともバイデン大統領下のアメリカが映し出す国家の根幹部分での揺らぎや崩れは、決してバイデン氏だけが原因ではない。

いまから十二年前の二〇〇九年に登場したバラク・オバマ大統領、そして二〇一七年に登場したドナルド・トランプ大統領がそれぞれ体現したアメリカ政治の潮流の大きな変化が、今日のバイデン大統領下の危機的状況をもたらしたともいえるだろう。

アメリカ内部のそうした変化は、もちろん外部世界の変化とも密接にからみあっていた。世界が変わったからアメリカが変わったのだ、ともいえるのである。

私はこの期間、ワシントンにあってその政治の潮流の変遷を至近距離で、そして皮膚感覚で体験し、観察してきた。

その考察をいま振り返ると、アメリカからアメリカらしさが消えていくという流れは、オバマ大統領がつくり出したといえる。といっても大統領の統治は、ときの国民の希求の反映でもあった。

トランプ大統領はそのオバマ統治の否定や逆転を目指した。だがその、これまでにない型破りの強引な政治手法はこれまでにないほどの激しい反発をも招いた。

そんな時期に中国発の新型コロナウイルスの大感染という邪悪な惨事がアメリカを襲った。人類の歴史でも珍しい、この、目にみえないモンスターはアメリカの政治までを複雑な形で変えていった。

その結果、残ったのが史上稀な国内での衝突と混乱と分裂とともに、二〇二一年一月に誕生したジョセフ・バイデン大統領だったのだ。

アメリカはだいじょうぶなのか。

そんな心配が追い払っても、追い払ってもブーメランのように戻ってくるのが、いまの私のアメリカ観なのである。

そのアメリカの最新状況をバイデン大統領の解析というような形で報告したい。

これが本書の著者としての私のメッセージだともいえる。
なお本書の刊行にあたってはビジネス社の唐津隆社長と中澤直樹部長の貴重な協力を得たことに感謝の意を述べたい。

二〇二一年三月

古森義久

アメリカの悲劇!　目次

第二章

トランプ路線からの大逆転

第二章

選挙不正の影響は止まらない

第四章 民主、共和両党は「団結」と正反対に動く

第五章

「ハンター・バイデン事件」がもたらす機能不全

第六章 中国への強硬姿勢を緩める日

エピローグ

日本は国難とどう戦うのか

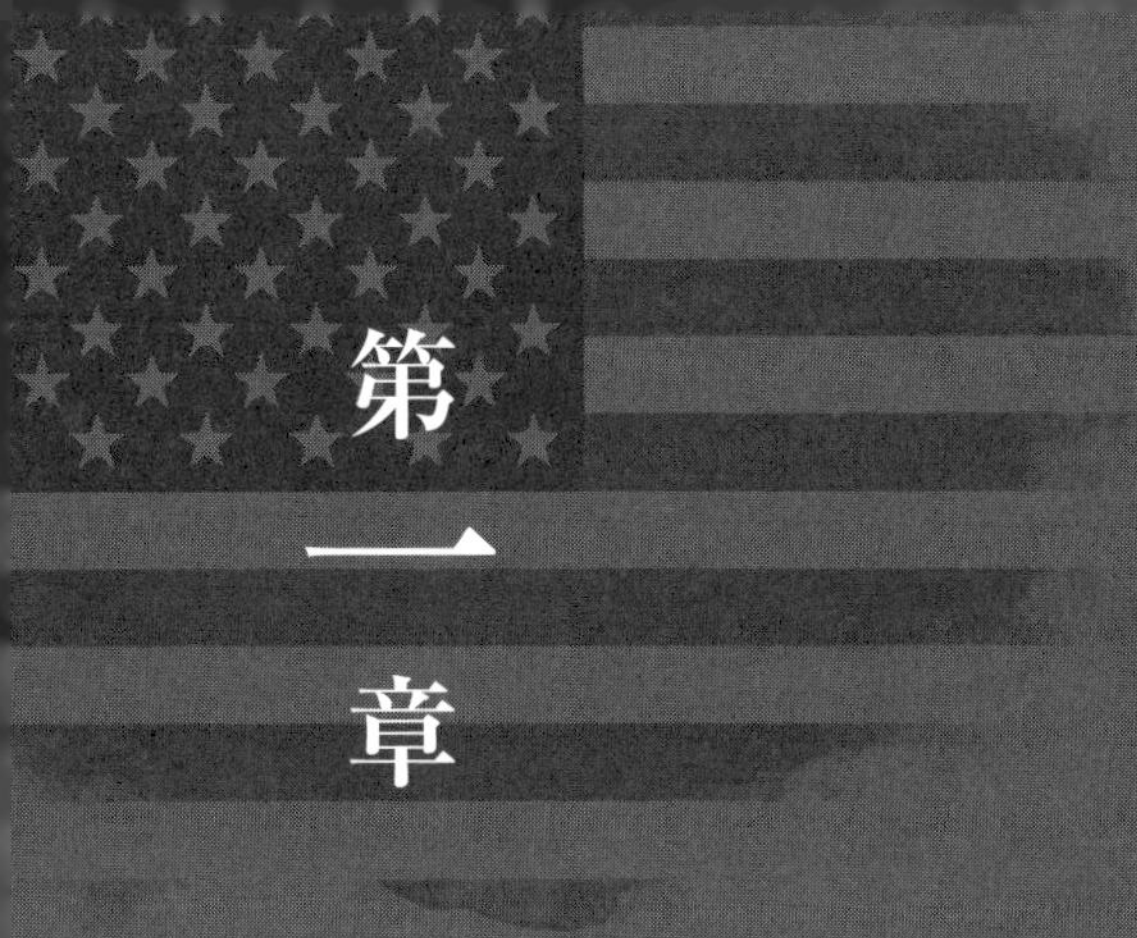

第一章

バイデン新大統領は、なぜ危険なのか

二〇二一年の国際的な最大リスク

アメリカ合衆国の第四十六代大統領にジョセフ・バイデン氏が就任した。

二〇二一年一月二十日の出来事だった。

アメリカの大統領選挙の長い歴史にも例をみない異様な混乱や騒乱を経ての新大統領就任だった。

総括としてはアメリカの民主主義はなお健在ということだろう。

バイデン氏は大統領就任の時点で七十八歳、アメリカの歴史でも最高齢の大統領である。

バイデン氏にとってはワシントンの国政の場で四十数年という歳月を過ごし、大統領選挙にも過去に二度、立候補した末の三度目の夢のような目標の実現となった。

バイデン氏自身にとっては輝ける大成功である。そのこと自体には率直に高い評価を送るべきだろう。

それでなくても日本にとっては貴重な同盟国のアメリカの新大統領が無事に誕生したことには、まずは祝意を贈ることが第一だろう。

たとえ同盟国ではない他の諸国の場合でも、その国の国民が民主的な手段で選んだ新しい国家盟主の誕生にはそれなりの敬意を払うことが礼儀である。そもそもよその国の内部の出来事なのである。

だからジョセフ・バイデン氏のアメリカ大統領就任は私自身も心から祝いたいという気持ちもある。

しかし平凡な表現ではあるが、どんな現実にも光と影がある。表と裏がある。ジョセフ・バイデン大統領誕生もそうした現実のひとつであることは自明だろう。

だからバイデン大統領に対する認識も多角的に、立体的に、そしてその結果として客観的に、というアプローチが不可欠となる。

日本にとって重要な国の、その最重要の大統領であるからこそ、日本にとって大切だからこそ、冷徹で客観性に沿った点検、そして評価が必要なのだといえよう。

私にとってはそんな気構えで迎えたバイデン新大統領の誕生だった。

だがその直前にアメリカ側でびっくりするような新大統領分析が発表された。

「ジョセフ・バイデン大統領は今年の世界最大のリスクとなる」

つまり、二〇二一年の国際的な最大リスク（危険）はアメリカ四十六代目の大統領となるジョセフ・バイデン氏になるのだ――という趣旨の予測だった。

民主的な手段で選ばれたアメリカの新国家元首がなぜ世界最大のリスクになるというの

だろうか。

しかもこんな予測は、国際的にも著名なアメリカの世界情勢の分析学者イアン・ブレマー氏によって打ち出されたのだった。一月冒頭のことだった。

ブレマー氏の率いる国際情勢分析機関の「ユーラシア・グループ」が「二〇二一年のトップ・リスク」という報告書で発表した分析だった。

イアン・ブレマー氏といえば、日本でも広く知られた人物である。とくに彼の経済がらみの分析や予測は日本の経済人たちには高く評価されてきた。

そのブレマー氏による予測が新しい年の国際リスクを一位から十位まであげるなかで、なんと、そのトップに「アメリカ四十六代目大統領ジョセフ・バイデン」と明記したのだ。

ちなみにその同じ予測での第二位は「新型コロナウイルス」だった。

この一年、全世界を麻痺させてきた邪悪な中国発の新型コロナウイルスの起こした大被害はもう議論の余地はないのだが、なんと驚くことに、これから一年の国際情勢ではリスクとしてそのウイルスよりも上位に新登場のアメリカ大統領を位置づけていたのだ。

さらに第三位は「気候変動」、四位は「米中緊迫の拡大」、以下は「サイバーの混乱」や「中東の石油墜落」、「メルケル首相後の欧州」などと続いていた。

日本でも定評のあるブレマー氏ははたして本気なのか。

こういぶかしまざるを得ないのはブレマー氏が政治的には民主党支持、バイデン氏支持、トランプ大統領批判で知られた人物だからでもあった。

であるからこそ、この診断は真剣に受け止めておく必要がある、と感じさせられたのだった。

ただしこの報告書が公表されたのは二〇二一年一月四日だった。

つまりトランプ支持者の一部がアメリカ議会に乱入して、トランプ大統領への非難がどっと広がった一月六日のつい二日前である。

この事件の後にはトランプ氏への非難が各界で広まった。だからバイデン氏への評価は上昇したかもしれない。

とはいえ、バイデン氏への評価はトランプ氏評価と必ずしもゼロサムではない。トランプ支持が減れば、その分、バイデン支持が自動的に増す、というわけではないのだ。

ましてバイデン氏の大統領としての地位がトランプ氏の命運と反比例の一対になっていることはない。

カーター大統領よりも弱体？

実際にこの報告書を読むと、バイデン氏自身が抱えた問題やいまのアメリカ全体の特殊な状況が、バイデン大統領の今後にリスクの要素をどっと注入しているという構図が説明されていた。

その一例として同報告書は、以下の趣旨を述べていた。

「バイデン次期大統領はアメリカ国民からの信託という点では一九七六年に当選したジミー・カーター大統領以来、最も弱いといえよう」

報告書はそのうえでアメリカ国内の極端な政治分裂に加えて、バイデン氏は高齢のため、二期目はないとの予測をマイナス要因として強調していた。

だが「カーター大統領よりも弱体」という指摘は私にとってとくにショックだった。私自身がそのカーター大統領時代のアメリカをよく知っていたからである。

カーター大統領は確かに近年のアメリカの歴代大統領のなかでも、失政や弱体で知られてきた。

私自身がワシントンに特派員として初めて赴任した時期がまさに一九七六年九月、カーター氏がその二カ月後に大統領に当選していた。

翌年の一九七七年一月の彼の大統領就任からの四年間、私はその政権の失態を目前にみてきたのだ。

ジミー・カーターという人物は、個人としては大いに好感の持てる誠実な人だった。しかし、その統治は明らかに弱体だった。国内、国外の政策は歴史に残る失敗だったのである。

カーター政権下でのアメリカ経済は沈滞をきわめ、「マレーズ」（不定愁訴）と称される暗い雰囲気がアメリカ社会をおおった。

対外関係ではソ連のアフガニスタン大侵攻を許した。イランの過激派にはアメリカ人外交官五十人を一年ほども人質に取られた。

バイデン氏がそんなカーター大統領に模される弱体の予測を、人もあろうブレマー氏から受けるとは、私には信じられないほどの驚きだった。

ブレマー氏はこの報告書でバイデン新大統領について、以下の骨子を指摘していた。

・アメリカ国内で、もはや化石のように固定した政治の分断と国際的なアメリカの地位や指導力の低下によって、バイデン大統領は手足を縛られた状態となり、バイデン氏自身の能力や活力の限界によって、統治が大幅に制約される。
・バイデン氏自身は国際情勢に対して指導力を発揮しようと試みるだろうが、まずアメリカが新型コロナウイルスの世界最大の感染に効果的に対処できないという現実が、国際的な信頼度を激しく低下させるだろう。
・中国の無法な行動を非難し、抑止するという基本ではバイデン政権は共和党と一致する部分も多いが、ヨーロッパがつい最近、中国との投資の包括的な合意を成立させたように、国際的にアメリカの強固な対中政策を阻む要因も多い。

同報告書はバイデン氏が大統領候補として八千万票以上のアメリカ史上最多の得票を記録したことをも述べていた。だからバイデン新大統領は国民の支持という点では自信を保つこともできるはずだ、と強調する。

しかしそのバイデン氏への国民多数の支持もトランプ氏への支持の広範さと、トランプ支持者の間でのバイデン氏の勝利を認めないという「確信」の激しさで相殺され、正常の大統領としての職務遂行が難しくなるとも述べていた。

その部分の骨子は以下のとおりだった。
・トランプ大統領もアメリカの歴史では二番目に多数の七千四百万以上という得票を確保し、共和党は上下両院や、州議会の多くで総得票を伸ばした。またヒスパニックや黒人からの共和党への票も増えた。トランプ氏自身が前回の選挙よりも千百万票も多い得票を記録したことも、その支持層に勢いをつけた。

・トランプ支持層では七十％以上とみられる多数派がトランプ氏の「バイデン陣営の不正選挙」の主張を支援して、バイデン氏が「大統領ポストを盗んだ」という認識を隠していない。この種の主張のほとんどは裁判の場などで排除されたが、連邦議会の合同会議では上院八人、下院百三十余人の議員が最後まで「バイデン陣営の選挙不正」を公式に主張し続けた。

・世界の主要各国の首脳を見渡しても、その首脳の座につくための民主的な選挙の結果自体が、多くの自国民によって否定されるという指導者はまず存在しない。その特殊状況がバイデン氏の内外での統治の深刻な足かせとなる。また政策面でも「アメリカ第一」主義はトランプ大統領の退陣にもかかわらず、アメリカ国民の広い層で保持され、バイデン政権への制約となる。

放言、失言、暴言、虚言の主

ブレマー氏は以上のようにまず「バイデン氏自身の能力と活力の限界」による「統治の大幅な制約」をあげてバイデン大統領の弱体を予測していた。

そのうえで「トランプ効果」をバイデン政権にとってのこんごの大きな負の要因として強調するのだった。

もちろん性急な予断は禁物である。

バイデン大統領もバイデン政権もいまスタートしたばかりなのだ。

だがそれにしてもそんな早い段階で民主党支持のブレマー氏のような著名な専門家からこんな険しいバイデン政権への予測が発せられた事実は注視しておくべきだろう。

しかし私がこのブレマー氏の分析でとくに重視したのは前述のように「バイデン氏自身の能力と活力の限界」という点だった。

なぜならバイデン氏が単に高齢だからというだけに留まらず、その大統領としての統治能力に重大な欠陥があるのではという指摘は、二〇二〇年の大統領選キャンペーン中にも再三再四、なされてきたからである。

しかもその懸念はバイデン氏の実際の言動を原因とする心配や疑問だった。バイデン氏には放言、失言、暴言、虚言の長い歴史がある。ワシントンではすでに有名な事実である。

今回の大統領選でも、バイデン氏のとんでもない発言は何度も指摘されてきた。だがそれが致命的な傷にならないのはニューヨーク・タイムズやCNNテレビに代表される主要メディア、大手メディアがきちんと報道しないからである。

後述するようにこれら主要メディアはみな民主党支持、バイデン支持となり、トランプ氏への総攻撃を浴びせてきたのだ。

だがそれでもバイデン氏の事実と異なるような発言はあまりに頻繁であり、あまりに顕著なので、記録には残されてきた。

民主党傾斜ではない一部のメディアによっては確実に報道されてきたのだ。

そしてバイデン氏は認知症なのではないか、という疑問を数多くのアメリカ国民の間に引き起こしてきた。

そのバイデン氏の少なくとも結果としての虚構の言葉の実例をあげてみよう。

まず当面はいずれも今回の大統領選挙キャンペーン中、二〇一九年から二〇二〇年にかけての出来事である。

二〇二〇年春以降、バイデン氏はコロナウイルス感染への懸念を理由に各地を実際に訪れることは少なかったが、六月にはデラウエア州ウィルミントン市の自宅を離れ、隣のペンシルベニア州内の小さな集会に出て、発言した。

「新型コロナウイルスの感染拡大のためにいまやアメリカ国内では一億二千万人が死んでしまった」

ところがその時点でアメリカ国内のコロナ禍での死者は十二万人だった。その人数を千倍に誤って告げたのだ。

些細なミスとすますことはできなかった。大統領選挙戦での公式候補としての公開の場での演説なのである。

しかも全米向けテレビで流されたのだ。

それ以降も以前も以下のような事例があった。

バイデン氏は選挙戦の最中にバージニア州内にいたときに「ここノースカロライナ州では」と発言した。

オハイオ州にいたときにも「ここアイオワ州では」とまちがえた。

バイデン氏はさらに政敵のドナルド・トランプ大統領を絶対に再選させてはならないという言葉のなかで「ジョージにあと四年間も政権を保たせることは許さない」と、ドナルドという名前をまちがえた。

またバイデン氏は自分の副大統領時代の体験を語るなかで、当時の大統領だったオバマ氏の名を思い出せず、数秒間もためらった末に「私のボスだった大統領」と述べたこともある。

バイデン氏は大統領選がついに大詰めに入った二〇二〇年十月以降にも次のような失言をしていた。

「私はいま上院議員選挙に立候補している」（実際には大統領選）

「トランプ氏は大統領選でオハイオとフロリダの両州で過去二回、勝った」（トランプ氏は過去一度しか大統領選に出ていない）

こうした単純なミスは一回ごとなら、それほど深刻な印象もないだろう。

だがあまりに頻繁なのである。そして明らかな定型のパターンになっていれば、事態は重大となる。

悪名高い「アフガニスタン戦争体験談」

だが民主党支持メディアはまったく問題にせず、批判的に報じる側を「偏見」などとして攻撃していた。

トランプ大統領は「もし私がこの種のまちがった発言を一つでもすれば、その瞬間に大統領失格と断じられるだろう」と苦情を述べるのも不自然ではなかった。

バイデン氏の発言にはそのうえに、どうみても単純なミスとは思えない差別的な暴言もあったのだ。

バイデン氏は二〇二〇年春には、やはり選挙活動のなかで黒人の一般有権者に向かって「あなたが私に投票しないなら、あなたは黒人ではないぞ」と述べた。

アメリカのふつうの感覚からすれば人種差別をにじませた発言だった。

もしトランプ氏が「私に投票しないならば、あなたは白人ではないぞ」などと発言したら、民主党支持の大手メディアは天地がひっくり返るほどの勢いで糾弾しただろう。

実際にバイデン氏はこの言葉については撤回し、謝罪した。

しかしバイデン発言が共和、民主両党からもっと深刻に問題視されたのは実はこの種の単純な失言や放言ではなく、もっと複雑で規模の大きい虚構の言葉だった。

重大な言葉のミスである。

その代表例として悪名高いのはバイデン氏の「アフガニスタン戦争体験談」だった。

この発言はさすがにバイデン氏の認知症疑惑までも生むことになったのである。

バイデン氏は二〇一九年八月ごろからのニューハンプシャー州での予備選関連の集会などでの演説で、以下のような「体験」を繰り返し語った。

「私は副大統領としてアフガニスタンでの戦争にかかわる米軍将兵の激励に行き、コナー地域での激戦を目撃した。その戦闘ではアメリカの一海軍大佐が二十メートルほどの深さの谷間に取り残され、敵の猛攻撃を受けている部下をロープを伝わって降りて、助けるのをみた。

その後まもなく私はその海軍大佐に副大統領として銀星勲章を授与することになった。だが大佐は助けた部下が結局は死んだので、勲章を辞退しようとした。なんとすばらしい話ではないか」

米軍の勇敢で誠実な将校の言動を告げる美談のはずだった。

自分が副大統領としても米軍激励のためにそんな危険な最前線にまで視察に出かけたという勇敢な実績を示すはずの迫真のエピソードだった。

ところがすぐにこの話の具体的な部分がほぼすべて事実と異なることが判明したのだ。

バイデン氏がアフガニスタンを副大統領として訪れたことはなかった。

だからその戦闘での救出を目撃したという話にも根拠はなかった。

バイデン副大統領が似たような戦闘での功労者に銀星勲章を与えたという記録もなかっ

た。

　確かに似た戦闘はあったが、そこで部下の救出にあたったという軍人は海軍大佐ではなく陸軍士官だった。その士官もバイデン氏から勲章を受けたことはなかった。

　そもそも海軍大佐が地上での激しい戦闘に直接に加わることなど、ありえないのだった。だがバイデン氏は二〇二〇年の大統領選に向かってのキャンペーンでその同じ話を何度も繰り返していたのである。

　その話には根拠がないことを多方面から指摘されると、バイデン氏は「自分の記憶のまちがいだった」と述べたのだった。

認知症疑惑は晴れていない

　バイデン氏がこうして錯誤の発言を頻発するにつれて、大統領選挙中にもアメリカ一般で彼が認知症を病んでいるのではないか、という疑問が広がるようになった。

　二〇二〇年の時点でバイデン氏は七十七歳だったが、単なる高齢といえば、民主党の対抗馬のバーニー・サンダース上院議員はすでに七十八歳だった。

　アメリカの議会では民主党の下院議長ナンシー・ペロシ議員はじめ八十歳台の政治家は

かなりの数、存在する。

しかもいずれもバイデン氏のように公式の発言で誤りを繰り返す人は一人もいなかった。だからバイデン氏の錯誤の言葉を年齢だけに帰することはできなかった。

その結果、バイデン氏に対して認知症の疑惑がまじめに提起されるようになったのだ。「バイデン氏は認知症ではないのか」という疑問や指摘は単に反対派の共和党やトランプ陣営だけに限らなかった。一般でもかなり広範に表明されるようになったのだ。

なお認知症についてはアメリカで評価の高い総合医学機関の「メイヨークリニック」は次のように定義づけていた。

「記憶、思考、社会的能力に関して日々の生活に障害を起こすような一群の症状」

バイデン氏に対してこの疑惑が広がった結果、ついに大手の世論調査機関が全米規模でこの点についての調査を実施したのだった。

ちなみにこれはきわめて異常な展開だった。アメリカの選挙や政治の歴史で特定の候補が認知症か否か、という点について一般国民の認識を問う調査など、前例はなかったからだ。

大統領選キャンペーンの最中、二〇二〇年六月から七月にかけてのことだった。

この調査はアメリカの世論調査機関では最大手のラスムセン社によって実施された。

その世論調査の結果がまた衝撃的だった。

ラスムセン社は全米約一千人の有権者を対象に六月二十五日から二十八日までの期間にその調査を実施した。

その世論調査の質問は以下のようだった。

「ジョー・バイデン氏の頻繁な失言や混乱した言明はなんらかの形の認知症を病んでいるからだという批判があります。バイデン氏にとってこの認知症問題を公式の場で説明することはどれほど重要だと思いますか」

ジョセフ・バイデン氏は一般にはそのファーストネームを親しみをこめて短縮され、「ジョー」と呼ばれることが多いのだ。

この質問に対する回答は以下が準備されていた。
①非常に重要だと思う
②いくらかは重要だと思う
③それほど重要ではないと思う
④まったく重要ではないと思う
第二の質問は次のようだった。

「あなたがみたこと、読んだことから判断して、あなたはジョー・バイデン氏がなんらかの形の認知症を病んでいると思いますか」

回答は以下のようだった。
①そう思う
②思わない
③わからない。
ラスムセン社の発表によると、最重要な第二の質問に対して、「そう思う」と答えた人がなんと、全体三十八％という数字が出た。「そうは思わない」が四十八％、「わからない」が十四％となった。

要するに、「バイデン氏がなんらかの認知症を病んでいると思う」と答えた人が全体の四割近くいた、という結果なのである。

この調査ではさらに回答者たちをその政党支持別に分けていた。

その結果はバイデン氏が認知症だと思うと答えた人は民主党支持層では全体の二十％、共和党支持層は六十六％、無党派層三十％という数字が出たという。

第一の質問の「認知症問題を公式の場で説明することはどれほど重要だと思うか」に対して「非常に重要」と「いくらかは重要」と答えた人たちは合わせて全体の六十一％だった。

「それほど重要ではない」が三十六%、「まったく重要ではない」は十九%だった。

こうした一連の調査結果の数字はアメリカ国民のかなり多くがバイデン氏が認知症にかかっているようだという懸念を抱いていることを示していた。

このこと自体がすでに述べたように異例中の異例だったのである。

ラスムセン社は二〇二〇年六月二十九日にこの全米世論調査の結果を発表した。

ラスムセン社は多数あるアメリカの世論調査機関のうちでも最大手で、大統領への支持、不支持の調査を毎日、実施している唯一の組織である。

二〇一六年の大統領選でも一貫してトランプ氏の勝利につながる世論の動向を最も正しく伝えたとして評判が高い。

そのラスムセン社の世論調査でバイデン氏が認知症を病んでいると思うと答えた人が全米で平均すると十人に四人近くもいたという結果は全米を驚かせた。

当然ながら、とくに民主党のバイデン陣営にはショックな情報となった。

アメリカの一般メディアでも、ワシントン・ポストやCNNテレビのように民主党候補のバイデン氏への支持を鮮明にしていたところを除いては、多数が「驚きの世論調査結果」として報道した。

この後すぐにバイデン氏自身が、この現実について問われることになった。

翌六月三十日、バイデン氏が三カ月ぶりの記者会見にのぞんだのだ。

この時期、皮肉なことに当時のトランプ大統領の支持率が下がっていた。

五月下旬にミネソタ州ミネアポリスで白人警察官が黒人容疑者の取り調べの際に暴力行為に走り、殺してしまうという事件が起きていた。すでに述べたように、そのことが全米でトランプ大統領への抗議の波になって広がったのだった。

民主党側はここぞとばかりにこの事件をトランプ氏の白人優先主義のせいだとして宣伝した。

実際にはトランプ氏は、この事件には直接の関係はなにもなかった。事件の発生直後にその警察側の暴力行為を非難する声明を出していたにもかかわらず、民主党側の戦略は成功した。

トランプ大統領の支持率がこの事件の結果、それまでの優位にかげりをみせたのだった。

バイデン氏はその動きに元気づけられたように従来の自宅の地下室ごもりをやめて外に出てくるようになった。

そして自宅近くとはいえ、屋外に出て、有権者たちに接して、公式の記者会見にのぞんだのだった。

この会見でFOXテレビの記者が質問した。「認知の衰えについてテストを受けたことがあるか」

バイデン氏はごく簡単に答えた。

「いつもテストされている」

質問は明らかに医学的なテストについて尋ねていたが、バイデン氏の答えは日常の活動で試されている、という意味だった。

FOXはこのやりとりをバイデン氏の認知症の有無にからめて大きく報道した。するとCNNテレビやワシントン・ポストが、「トランプ政権や共和党支持のFOXがバイデン氏の認知症問題を持ち出すのは不公正、不適切だ」という趣旨の論評や報道を流して、FOXを批判した。

FOX側は日ごろからCNNやワシントン・ポストを「民主党支援の偏向報道が多い」として非難してきた。

メディア間のこの争いが、バイデン氏の認知の状態をめぐって燃え上がったわけだ。

その後、バイデン氏は認知症疑惑を選挙戦や国政の正面舞台で追及されることはなく、無事に大統領への当選、そして就任へと進んでいった。

だがこの疑惑への答えがきちんと出されたことはなかった。

そのかわりにその後、バイデン氏の公開の場でのパフォーマンスは明らかに彼自身が自由自在に語るという場面が少なくなった。皆無に近くなったとさえいえよう。

バイデン大統領は就任後一カ月が過ぎた二〇二一年二月下旬の時点でも、公式発言はみな事前に準備された草稿の読み上げだといえる。

大統領側近が周到に作成したシナリオに依存した「台詞（せりふ）」なのである。

その背後にはバイデン氏の失言や放言、錯誤の言葉を最大限、避けるという政治配慮が明らかに感じられる。

この点は前任のトランプ大統領とは対照的だった。

トランプ氏は頻繁に記者会見を開いて、長時間、明らかに台本なしに政策や見解を語った。自由奔放な語りだった。

しかもトランプ大統領は記者側からの質問をいつも許した。その質問は反トランプ色を鮮明にした辛辣で険悪な内容がほとんどだった。

だがトランプ氏も同様に辛辣さをこめた回答を返していた。

この種の大統領としての自由で自然な言動がバイデン氏にはうかがわれないのである。

そして大統領としての統治能力への疑問がなお消えていないのである。

剽窃と経歴誇大の政治家

ジョセフ・バイデン氏の言葉の問題に関連してはもうひとつ、重大な記録がある。きわめて負の要素の強い特徴であり、軌跡である。

バイデン氏には広く知られた剽窃《ひょうせつ》の実例があった。しかも複数である。

剽窃とは、英語でいうとplagiarism（プレイジャリズム）、つまり言葉の盗用だった。

公人にとってこの非難を浴びせられたときの重みは深刻となる。

私自身もバイデン新大統領についてこの種のあまりにネガティブな指摘をすることには、ためらいもある。

いまや屈折した経緯の末にやっと登場したばかりの新任のアメリカ大統領に、ケチをつけるように過去の醜聞を持ち出すことは、不公正かもしれないからだ。

だがその一方、日本にとって超重要な同盟国アメリカの新元首については詳しく知ることも欠かせないだろう。

そしてこの種のバイデン氏に関する醜聞的な過去の言動は、アメリカの国政の場では常識といえるほど知れわたっているのである。

いまでもバイデン氏の政治リーダーとしての資質を論じる際には言及されることの多い、「政治家バイデンの歴史」の一部とされているのだ。

バイデン氏と言葉といえば、彼が初めて大統領選に立った際の言葉の盗用が最も広く知られてきた。

つまり剽窃だった。

「なぜ私がバイデン家のなかで初めて大学へ行けたのか。なぜ私の妻が彼女の家族のなかで初めての大学入学者となったのか」

「なぜ私がキノック家の何世代ものなかで初めて大学へ行けたのか。なぜ私の妻が彼女の家族の歴史で初めての大学入学者となったのか」

この二つの言明は「バイデン」と「キノック」を交換すれば、まったく同じ表現だった。

前者は当時、アメリカの上院議員として大統領選に初めて名乗りをあげたジョセフ・バイデン氏の言葉だった。

後者は当時のイギリス労働党の党首ニール・キノック氏の言葉だった。

バイデン氏がこの言葉を発したのは一九八七年だった。彼は翌八八年のアメリカ大統領選で民主党候補の指名を得ようとして名乗りをあげていた。

その選挙演説の一端が前記の発言だったのだ。

ここで突然に名前の出たキノック氏について少し説明しておこう。

一九八七年といえば、私はちょうどイギリスの首都ロンドンに駐在していた。毎日新聞を退社して産経新聞に入社し、ロンドン支局長という立場になってまもない時期だった。

当時のイギリスは保守党のマーガレット・サッチャー首相の長期政権が続いてきたが、キノック氏は対抗する野党の労働党党首として果敢なチャレンジを続けていた。

キノック氏は文字通りの労働者階級の出身で、貧しい炭鉱労働者を父に、看護師を母に生まれて、苦学して高等教育をおさめた。

政治家としてはその雄弁ぶりに定評があった。

バイデン氏の当時の言葉はそのキノック氏が数カ月前のイギリス国内での演説で述べた表現とまったく同じだと判明した。

当然ながらバイデン氏に対してはそのころの競合相手の他の民主党候補陣営からも、共和党側からも剽窃だとする非難が浴びせられた。そして調査の結果、まったくの模倣だったことが確認された。

その後のアメリカのメディアその他の調査により、バイデン氏は他の二種類のキノック演説からも表現を模倣したと指摘された。

その時期にバイデン氏はさらにジョン・ケネディ大統領の一九六一年の就任演説やロバート・ケネディ司法長官の一九六七年の選挙演説からも表現を盗用したと糾弾された。いわゆる盗用だった。作家や記者の世界でならば、盗作とされる不正行為、つまり剽窃である。

バイデン氏自身もすぐにキノック演説の無断模倣を全面的に認めて、謝罪をした。こういう状況でのバイデン氏の挙措は素直であり、直截だった。

しかしこの盗用は、時のアメリカ大統領選キャンペーンの冒頭で起きただけに大きな波紋を広げた。

同時にバイデン氏は自分の大学や法科大学院での成績、人種差別撤廃のための市民権運動への参加などで、実際よりも誇大に優秀な成績や、より活発な活動をしていたと宣伝したとも批判されたた

この時期のバイデン氏は「剽窃と経歴誇大の政治家」というレッテルさえ貼られてしまった。

そしてとくにキノック演説の盗用はその後も長く「バイデン氏の剽窃」として記憶されることとなったのである。

バイデン氏は一九八八年の大統領選に向けての戦いではこのキノック氏の演説の盗用を

認めた後まもなく立候補を取りやめた。

明らかにその盗用が主な理由となった脱落だった。

そのころアイオワ州での予備選段階での世論調査では民主党候補七人のうちバイデン氏は支持率でわずか一%という数字で最下位を記録した。

そのため政敵の共和党側からは「一%バイデン」などというニックネームまでつけられる始末だった。

第二章

トランプ路線からの大逆転

二十九歳での上院議員当選

さてジョセフ・バイデンという人はそもそもどんな人物なのか。その政治的な実績や傾向はどうなのか。

私自身のアメリカでの活動経験ともからめながらバイデン氏の軌跡に光をあててみよう。まず自慢のようなことから書き始めるのは気が引けるのだが、この本を世に出す著者としての資格や背景の説明ということで、許していただくこととしたい。

私のアメリカ政治の考察もなんとも長くなった。

その大部分が首都ワシントンにあっての直接のアメリカの国政に触れる体験だった。

その出発点は一九七六年九月、毎日新聞のワシントン駐在特派員として赴任したときだった。

それ以来の四十五年間のうち合計八年ほどはアメリカ以外の地で働いた。東京、ロンドン、北京だった。

だからその残りの三十七年ほどがワシントンに拠点をおいての活動だった。

その長い年月、アメリカの政治に触れ、アメリカの政治を考え、報じてきたわけだ。しかしその間、ジャーナリストとしてだけでなく、研究者や学者という立場にもあった。

たとえばワシントンの大手研究機関の「カーネギー国際平和財団」にも一年余り、上級研究員として採用され、アメリカの対日政策などを調査し、研究した。毎日新聞社を休職しての出向のような形だった。

アメリカの民間教育機関「ウッドローウィルソン・フェローシップ」からも委嘱されて、アメリカ各地の大学で、日本や日米関係について年に二度ほど集中講義をするという学術、教育の活動にも五年ほどたずさわった。

その結果、アメリカの政治をみる目も、ジャーナリストのそれというだけではなくなった。またアメリカ政治の考察も、ジャーナリズムという観点からだけではなかった。

要するにアメリカの政治を多角的にみてきたといいたいわけだ。

とはいえ、そんな感覚は単に自画自賛かもしれない。多角的だと自分では思っていても、意外と単眼的な姿勢だったのかもしれない。

しかしアメリカの政治や社会の直接の考察の長さと分量という点では日本側では負ける人はそうはいないと、ひそかに自負してきた。

日本の研究者、言論人、さらには外交官をも含めて、現役のなかではおそらく最長の部類に入る経験を有するといえるだろう。

もちろん長ければよい、というわけではない。

私はふだんは「もう自分は×十年もの記者体験を積んできたから」という類の言葉を口にすることはまずない。

ひとつには「体験が長いから考察が正しい」という相関関係はないと思っているからだ。いくら経験が長くても、その経験では律しきれない新たな現象が出てくることも知っているつもりである。

ドナルド・トランプという人物が大統領になったことがその代表例だろう。


さて横道の話が長くなった。

こんなことを述べたのは、私のその長い長いアメリカ政治の観察の歴史でも、ジョセフ・バイデン氏のアメリカ政治への関与の歴史は、その長さという点ではかなわないからである。

アメリカ大統領といえば、アメリカ政治の現役中の現役だが、その人物の政治へのかかわりは気の遠くなるほど長いのである。

ジョセフ・バイデンという政治家の活動の歳月の長さを強調したいがための自己紹介でもあった。

ただし私はもちろんアメリカ政治に関しては、外国人の単なる観察者、研究者にすぎない。大統領のバイデン氏とのいかなる意味での比較も不遜にすぎる。

だがただ一点、アメリカ政治を意識してきた私の年月と、アメリカ政治の渦中で生きてきた彼の年月とは、ともにきわめて長いということである。

現実にいまのアメリカの政治の第一線、しかも枢要な地位でバイデン氏ほど長く、さらには彼ほど一貫して切れ目がなく現役のまま活動している人物はまずいないだろう。

なにしろ私が四十五年も前に、ワシントンに赴任して、新参記者として初めてアメリカ連邦議会の議事堂に足を踏み入れ、それこそ東も西もわからないままに、アメリカ政治の一端におずおずと触れたとき、ジョセフ・バイデン氏はすでに連邦議会の輝ける上院議員だったのだ。

アメリカ政治では上院議員というのは国務長官や国防長官という閣僚よりも地位が高い。民主主義のアメリカではいつも選挙が最重視され、任命される政府高官よりも選挙で一般国民に選ばれる議員たちがランクが上とされるのだ。

だから国民一般による選挙の結果という点で上院議員は最高位の大統領、副大統領に次ぐ重要人物なのである。

とにかくバイデン氏は私がワシントンでの報道活動を始めた四年も前に、連邦議会の上院選挙に立って、見事に初当選を果たしていた。

東部の小さな州デラウエアの選出、一九七二年十一月の初当選の時点で二十九歳、アメリカ議会の歴史でも第六番目に若い上院議員だった。

永遠のワシントニアン

ここで簡単にバイデン氏の出自を紹介しておこう。

ジョセフ・バイデン氏は一九四二年十一月二十日、東部ペンシルベニア州の小さな町スクラントンで生まれた。

その後、一家はすぐに隣のデラウエア州に移った。バイデン氏の父親は当初の事業に失敗し、職を転々としたが、中古車のセールスマンとして生計を立てるようになった。だが生活はかなり苦しかったという。

バイデン氏は両親ともにアイルランド系のカトリック教徒で、敬虔な信仰を教えられて育った。

長男のバイデン氏には妹バレリー、二人の弟フランシスとジェームズとがいた。

勉強には熱心だったバイデン氏は働きながら地元の大学に通い、さらにニューヨーク州にある名門のシラキュース大学の法科大学院を終え、一九六七年には弁護士となった。ただし法科の修了にあたっては、提出した論文のなかに他者の論文からの盗用があったと指摘され、単位を一部、落としたともいう。

その後に指摘される剽窃の問題は、このあたりでも顔を出していたのだろうか。

バイデン氏は一九六六年には最初の妻ニーリアさんと結婚し、三人の子供の父親となった。

その後に一家は悲劇に襲われる。

バイデン氏が上院議員に当選した直後の一九七二年十二月、妻のニーリアさんがクリスマスの買い物のために車を運転して出かけた際、トラックと衝突したのだ。デラウエア州の自宅近くでの出来事だった。

その事故でニーリアさんと同乗していたまだ一歳の娘ナオミさんが即死したのだった。長男で三歳のボーさん、次男の二歳のハンターさんがともに重傷を負った。

一家にとってとてつもない悲惨な事故だった。

バイデン氏は上院議員を辞任して、息子たちの介護や世話に専念する意向を表明した。だが当時の上院民主党の重鎮で後に駐日大使となるマイク・マンスフィールド議員に説得されて、留任したという。

悲劇といえば、バイデン氏は成人した長男のボー氏を二〇一五年に亡くした。弁護士となり地元のデラウエア州の司法長官にまでなったボー氏は四十六歳で悪性の脳腫瘍で病死したのだった。

なおバイデン氏は一九七七年には現在のジル夫人と再婚した。

しかし政治歴ではバイデン氏はワシントンの国政の場での活動には切れ目がなく、なんと今年で四十九年目となる。

その間、上院議員は一九七二年から連続当選七回を続けた。二〇〇八年には大統領選に立候補したのだが、同時に上院選挙にも出て当選した。

バイデン氏は二〇〇八年の民主党大統領候補選びでは、バラク・オバマ氏やヒラリー・クリントン氏に敗れて予備選段階で撤退した。

ホワイトハウスへの道への二度目のチャレンジだったが、またも失敗したのだった。

しかしその年、その後すぐにバイデン氏やクリントン氏を破って、民主党の指名を獲得したオバマ氏から、副大統領候補になることを依頼された。

受諾して、上院は辞めることとなった。

その結果、上院議員としての在職は通算三十六年間となった。

バイデン氏はその二〇〇八年、オバマ氏とともに選挙戦を戦い、共和党側の正副大統領候補のジョン・マケイン上院議員とサラ・ペイリン元アラスカ州知事という組み合わせを破った。

その後の八年間はオバマ政権の副大統領だったわけだ。

二〇一七年に副大統領を退任してからすぐに次回の大統領選への関心を示し、ワシントンを主舞台に政治活動を続けてきた。

バイデン氏はこんごも大統領としての任務を果たすのだから、ワシントンの国政での現役活動は五十年を越えることは確実である。

まさに「永遠のワシントニアン」である。

重みや迫力を感じさせない政治家

私はワシントンでの報道活動を始めてまもなくバイデン氏のまず上院での存在を知るにいたった。

だが率直にいって彼はまず印象に残ることの少ない議員だった。

彼は最初は上院の司法委員会を活動の主舞台としていた。刑法改正とか消費者保護、女性の法的権利拡大、最高裁判事の任命審議などという課題と取り組んでいた。

その後のバイデン議員は、一九九〇年代なかばから上院外交委員会に移った。一時は外交委員長をも務めたが、なお特筆されるような活躍という場面はなかった。

この期間、私はアメリカの政治に魅せられ、とくに外国人記者にもまったくオープンな連邦議会の動きには最大限の関心を向けていた。

議会上下両院の著名な議員たちまでが日本人記者の私の単独での面会やインタビューには気軽に応じてくれた。

その開放性や協力ぶりに最初は驚き、すぐに貴重で楽しい体験となっていった。

当時は共和党ではジョン・マケイン議員、ボブ・ドール議員、スパーク・マツナガ議員、民主党ではジョン・ロックフェラー議員、トーマス・フォーリー議員、ノーマン・ミネタ議員など、何度も単独の取材に応じてくれたものだった。

それこそ数えきれないほどの議員たちの事務所を訪れ、交流を広げていった。

だがバイデン上院議員はその私のレーダーにはまったく触れなかった。

ニュースという観点からの関心をそれほど惹かなかったからだといえよう。端的にいえば、きわめて凡庸な議員だったのだ。

また外交委員会の枢要メンバーを長年、務めながらバイデン議員がアジアや日本に関連する案件にかかわることが少なかったせいもあっただろう。

バイデン議員の政治的スタンスは民主党の穏健派リベラルだった。

国内政策も外交政策も、民主党のリベラル路線の大枠に留まってきた。ただし対外面ではアフガニスタンやイラクへの軍事介入に賛成していた。

とにかくあれだけ長く上院議員を務めながら、これぞという顕著な実績がないのだ。たとえば「バイデン法」とか「バイデン戦略」と後に呼ばれるような超党派の評価を受ける立法業績がないのである。

バイデン氏は行政府に転じて、副大統領となっても同様に傑出した成果がなかなかあげられなかった。

要するに重みや迫力を感じさせない政治家なのである。年齢を重ねた最近でこそ発する言葉の数は少なくなったが、本来は饒舌といえるほどよくしゃべる人だった。冗談も多かった。

明るく楽しい感じをかもし出す人物でもあった。だからこそ失言や放言が多いという素地があったのだともいえた。だが政治家としてはなんとも軽薄、軽量級という実感だった。だからオバマ政権での副大統領としてのバイデン氏のパフォーマンスも、これまた凡庸という総括になろうか。

アメリカの現職大統領になった人物を指して、凡庸というのはいかにも不遜な言葉かもしれない。

もっとも副大統領という存在自体が大統領の補佐に徹するともいえるから、その立場で突出した実績を残すことは難しかったともいえよう。

ただし個人としてのバイデン氏はきわめて感じのよい人物だった。他者に好感を与えるのだ。

率直でオープンな人柄がいわゆる庶民的な人気を高めていた。

「いっしょにビールを飲みたいと思う政治家はだれか」という一般向けのアンケートではいつも最上位に近いところにランクされていた。

私自身も議会での取材で上院議員としてのバイデン氏をみかけて、そのときの気がかりな外交課題についていきなり質問をしても、笑顔を絶やさず、友好的に応じてくれることがあった。

また上院議員としてのバイデン氏は私生活の面で質素とされ、議会の会期中は毎日、デラウエア州ウィルミントン市の自宅から九十分をかけてワシントンまでの列車通勤を続けていた。

しかし第一章でも報告したように、バイデン氏は言葉の上でのトラブルが絶えなかったのである。

バイデン氏の二回目の大統領立候補の二〇〇八年にもトラブルが起きた。

このときに民主党候補指名を争った対抗馬のバラク・オバマ氏を評して、バイデン氏はなんとも不適切な発言をしたのだ。

「彼は言語明快、聡明で清潔で見かけのよい初めての主流のアフリカ系アメリカ人だ」

とくに問題なのは「清潔（clean）」という言葉だった。これまでのアフリカ系アメリカ人、つまり黒人は清潔ではない、という意味が露骨だからだった。

この言葉もバイデン氏はすぐに撤回し、謝罪した。

こうみてくると、言葉に関してのバイデン氏の問題には大きく分けて三種類の「負」があったことがわかる。

第一は他者の言葉の盗用である。

この不正慣行は剽窃と呼ばれることはすでに述べてきた。この問題には道義や倫理という要素がからんでくる。

第二は事実と異なる錯誤の言葉である。

コロナ感染者の人数のまちがいなど、明白な虚構の伝達だといえる。この問題には統治の能力という要素がからむ。

第三は不適切な発言である。

オバマ氏に対する「清潔」という言葉の使用のように差別や偏見をにじませる発言だといえる。この問題には常識や判断という要素がからんでいる。

バイデン氏にはさらに別の問題もあった。

二〇一九年から翌二〇年にかけての大統領選キャンペーン中にバイデン氏が女性の体に触りすぎるという一連の批判が起きたのだ。

とくに性的な意味はなく、単に親しみの範囲で女性の肩や背に触れたり、ハグをすることが相手の女性に不快感を与える、という指摘だった。

バイデン氏は本来、人なつっこいタイプで、とにかく気軽に話し相手などの体に手を置く習慣があったのだという。

しかしこの時期には議会の補佐官や政府官僚などの女性が十人ほども自分の名を明らかにしたうえで、「バイデン氏に勝手に体をさわられて不快だった」という趣旨の声明を公開の場で出したのだった。

バイデン氏はこれに対して「まったくの友好の気持ちだけからの挨拶のような接触だが、相手が不快ならば止める」と述べて、自分の非を認める形となった。

バイデン大統領がこれまでの政治歴の長い過程で頻繁にあらわにしてきた以上のような欠陥が、こんごのアメリカの国家元首としての活動のなかでは、どのようになるのか。

バイデン政権としては危険な爆弾を抱えたような状況と評しても誇張ではないだろう。

チャーチル像を執務室から除去した

さてジョセフ・バイデン氏は新大統領としてどのような統治を進めていくのか。

その骨格はすでに明らかだといえよう。

なにしろバイデン氏は民主党リベラル派の主流の政治家である。

バラク・オバマ大統領の下で副大統領を八年も務めてきたのだ。

オバマ氏といえば民主党リベラル派のなかでも、そのリベラル色はバイデン氏よりも強かった。だがそれでもなおバイデン大統領の施策がオバマ政権のその基本を継承していくことは確実だろう。

バイデン政権の政策の全体像を報告する前に、オバマ路線の継承という点でのおもしろい実例を紹介しておこう。

バイデン大統領が予想よりもさらにオバマ政権の政策継承には忠実だという例証といえるような出来事だった。

バイデン氏が一月二十日、新大統領に就任し、ホワイトハウス入りしてまもなく、ホワイトハウス中枢の大統領執務室からイギリスのウィンストン・チャーチル元首相の胸像が消えてしまった。

トランプ前大統領がそれまでの四年間、一貫して至近に飾ってきた像だった。

この動きはバイデン大統領のオバマ政権の遺産の尊重とともに、トランプ政権の遺産の否定の強さをも表していた。

同時にそれはアメリカのヨーロッパに対する姿勢、とくに米英関係への新たな変化の予兆だともいえた。

さらにもっと延長して述べれば、アメリカの新政権の外交姿勢が前政権からどれほど異なっていくかを、象徴的に示したともいえる。

バイデン大統領が「ヨーロッパの同盟諸国との絆の再強化」という公約をさんざんにうたいながら、就任直後にそのヨーロッパの同盟諸国の中枢たるイギリスの元首相の胸像を除去する、というのは明らかに矛盾である。

理屈で説明のできないナゾとしても映るだろう。

だがトランプ前政権への強い反発、さらにはオバマ氏の意思の継承という観点からこの出来事をみれば、簡単に説明がつく。

そしてその背後に浮かぶのは、バイデン政権の独特の体質の一端だといえるのだ。

たかが先人の像ひとつではないか、ではすませられない。そんな軽視は歴史の背景をみない浅薄な反応だといえようか。

アメリカの大統領の執務室になにがおかれているかには、やはりその政権の特徴を示す深い意味があるのだ。

しかもチャーチルという人物はアメリカの歴史にとっては特別な重みがあった。

バイデン大統領は一月二十日の就任式のすぐ後にホワイトハウス入りした。そしてその二日後の二十二日には、新大統領がホワイトハウスの内部でも最も長い時間を過ごすことになる執務室から、それまでおかれていたチャーチル像が消えたのである。

もちろんバイデン新大統領がきちんとした考えに基づいて、撤去したのだった。バイデン氏自身がチャーチル像を執務室から意図的に除去したことは公式にも認めた。

ウィンストン・チャーチルといえば、第二次世界大戦中にドイツの攻撃で敗れそうになったイギリスを率いて戦勝へと進んだ救国のヒーローである。

戦後の世界でもアメリカのルーズベルト、ソ連のスターリンと並んで、国際的新秩序の形成を指導した人物だった。

チャーチル氏は母親がアメリカ人だったこともあり、アメリカとの絆はとくに緊密だった。戦後も米英連携の基盤構築を主導したのはチャーチル氏だった。

アメリカとイギリスとの間には「特殊な関係（special relationship）」が何十年も存在してきたが、チャーチルという人物はその象徴だったともいえよう。

ホワイトハウスのチャーチル像をめぐる変遷の歴史は意外と長い。

そもそもこの胸像は、アメリカ生まれで後にイギリス人となった彫刻家ジェイコブ・エプスタイン氏によって制作された。

そしてその像は二〇〇一年にアメリカ第四十三代大統領となったジョージ・W・ブッシュ氏に当時のイギリスのトニー・ブレア首相から贈られた。

この寄贈は、アメリカ、イギリス両国の歴代政権がたがいの絆を「特殊な関係」として位置づけてきたことの再確認だった。

とくにその年にアメリカで起きた九・一一同時多発テロ事件後の対テロ戦争で緊密に協力したブッシュ・ブレア両首脳の親密さの産物でもあった。

ブッシュ大統領はさっそく、このチャーチル像を自分の執務室に飾った。

飾ったのは民主党系・歴史上の人物の胸像

ところが、その八年後の二〇〇九年一月、バラク・オバマ氏がホワイトハウス入りすると、この像をすぐに大統領執務室から取り除いてしまった。

そのかわりに、アメリカの黒人運動の指導者マーティン・ルーサー・キング師の像を飾ったのだった。

オバマ氏のこの行動は、米英の長年の「特殊な関係」を否定する動きだとされ、アメリカの保守派やイギリス側から批判された。

オバマ氏がチャーチルの胸像を撤去した理由は、彼の祖父がかつてイギリスの植民地だったケニアの独立運動に加わり、イギリス当局と戦った歴史があるからだともみられた。

オバマ氏のこの行動に対して当時、ロンドン市長で現在はイギリスの首相のボリス・ジョンソン氏がイギリスの有力紙への寄稿で以下の要旨を書いたことがあった。

「オバマ氏が大統領執務室からチャーチル像を撤去したのは、ケニア人の血が流れるオバマ氏が大英帝国を嫌悪しているからだろう。チャーチル首相はその大英帝国を守ったのだから」

明らかにオバマ氏への批判だった。

このときはオバマ大統領は次のように弁解した。

「私はチャーチル氏を尊敬している。胸像はホワイトハウス内の自分の居住スペースに置いてある」

だが実際の外交ではオバマ政権とイギリスとの関係は冷却し、年来の「特殊な関係」はすっかり薄くなっていった。

この状況を変えたのがトランプ大統領だった。

二〇一七年一月二十日の就任初日にこのチャーチル像をまた大統領執務室に戻したのだ。当時の新旧大統領の世界観や外交観の断層をあらわにした動きだった。

トランプ大統領は、チャーチル像を執務デスクのすぐ右手の小さな卓の上に置いたのだった。

まさにイギリスの大宰相の像がいつもアメリカ大統領の目の前にあるというわけだった。

トランプ氏は、実際の政策でも対英関係を重視した。

大統領としての最初の公式会談の相手としてイギリスのテリーザ・メイ首相を選び、ワシントンで首脳会談を開いた。

トランプ大統領はその後もジョンソン首相とはとくに親交を深め、「特殊な関係」の強化を主唱した。

バイデン新大統領はこの複雑な外交の歴史の流れをさらにまた逆転させるような動きを就任早々にとったわけである。

バイデン氏は執務室からチャーチル像を取り除いて、かわりにアメリカの民主党系の歴史上の人物たちの胸像を飾ったのだ。

その人物たちとはキング牧師のほかでは次のようだった。

・中南米系の公民権運動指導者セサール・チャベス
・ケネディ大統領の弟で司法長官を務めたロバート・ケネディ
・公民権運動家ローザ・パークス
・フランクリン・ルーズベルト大統領の妻エレノア・ルーズベルト

バイデン氏の歴史観がなんとなく伝わってくるような「人選」だった。

だがバイデン氏のチャーチル像の除去がかつて自分が副大統領として八年間、仕えたオバマ氏への配慮なのか。

あるいはトランプ政権とは異なる対英政策の推進の意図の表われなのか。

いずれにしてもイギリス側からはこれまでとは距離をおく対英姿勢の予兆とみなされても、ふしぎではないともいえよう。

実際にホワイトハウスでのこの動きに対してイギリスの一部の政治家やメディアからは「イギリスへの侮辱だ」という批判がすぐに起きた。

皮肉なことにバイデン大統領はこのチャーチル像撤去の直後の一月二十三日にイギリスのジョンソン首相と電話会談をして、米英同盟の保持などを確認したという。

だがその対英政策がトランプ政権の超緊密な態度とは異なることは確実だといえよう。

政策優先順位は内政、内政、内政！

ではバイデン政権の政策は全体としてどのような構図となるのだろうか。

どんな要素や理念によって政策が打ち出されていくのだろうか。

そのバイデン政権の政策面での傾向としては以下のような特徴があるといえる。

第一には内政の最優先である。

とにかくアメリカ国内の諸問題に取り組むという姿勢だといえる。

国際問題、外交案件よりもまず内政の課題への対応を優先させるという特徴である。

バイデン氏は昨年夏の指名受諾演説でもすでに、もし政権を取った場合の優先項目として国内政策をあげていた。

その際に掲げられた優先政策は以下のようだった。

・国内コロナ対策
・アメリカ経済再建
・社会福祉
・同盟国との協力
・人権尊重
・人種差別の追放

以上の六項目のうち「同盟国との協力」を除いては、すべてアメリカの国内政策である。バイデン政権にはもともと内政優先の傾向が強い。しかしなんといっても新型コロナウイルスの大感染には、どんな政権でも全力で対処せざるをえないだろう。

アメリカは世界最多の感染者と死者を出しているのだ。

二〇二一年二月下旬の時点で全世界の感染者が約一億一千万、死者が二百五十万なのに対してアメリカ一国だけで感染者二千九百万、死者五十万と、いずれも四分の一、五分の一をも占める。

感染者、死者ともに日本のおよそ七十倍なのである。

だからトランプ政権もコロナ防止には全力をあげた。そのトランプ政権の対策を不十分だとしてきたバイデン氏としては緊急に結果をみせねばならない。

コロナウイルスで痛めつけられたアメリカ経済を建て直すこともバイデン政権の喫緊の国内課題である。

アメリカ経済はコロナウイルスの大感染が始まるまでは近年でも最高の勢いだった。二〇一九年後半まではトランプ政権の規制緩和、減税、公共投資というような政策がうまく軌道に乗った形だった。経済成長率も年間四%近くという見通しとなっていた。

トランプ経済政策の成果としてとくに評価されたのは雇用の増大、つまり失業率の低下だった。ここ半世紀でも失業率は最低水準の三%前後という低さとなっていた。

とくに黒人の失業率が歴史的な低さを記録したことでトランプ政権は「黒人差別」という民主党側からの批判をがっちりと跳ね返していたのだった。

しかし二〇二〇年一月からのアメリカでのコロナウイルスの拡散はすべてを変えてしまった。とくに経済への悪影響は無惨だった。

バイデン陣営はそのトランプ政権のコロナ対策と経済政策との関連をとくに厳しく批判してきた。

だからバイデン大統領にとってアメリカ経済をコロナ感染がまだ続くなかで、なんとか改善することは緊急の至上課題なのである。

アメリカ経済の建て直しということならば、その施策はまず多様な国内政策の推進ということになる。

バイデン大統領にとって、その他、オバマケアといわれた医療保険制度の改革も重大な懸案である。

さらには他の社会福祉もトランプ政権がさほど優先はしてこなかった分野だからバイデン氏は選挙中からその再拡大、再補強を公約としてきた。

社会福祉というのはそもそも民主党の年来の超重視の政策テーマだった。バイデン政権にとってもその比重は巨大だといえる。

その社会福祉が内政の主要課題であることはいうまでもない。

こうみてくると、バイデン政権の政策優先順位は内政、内政、内政という感じであることがわかる。対外政策に向けるエネルギーはどうしても削られていくともいえよう。

第二はリベラル政策の優先である。

バイデン政権は民主党の代表としてその政治理念のそもそもの基盤はリベラリズムにある。

アメリカでのリベラリズムの政治といえば、まず「大きな政府」という政策標語に代表される。政府の大きな役割に期待をかけるイデオロギーだともいえる。

政府の支出の増大と規制の強化による社会福祉重視が柱である。

トランプ政権の保守主義が強力に進めた規制緩和や減税を土台とする「小さな政府」策の否定でもある。

「大きな政府」という発想は本来、人間の集団、つまり社会、国民の生活は自由放任にすると災禍が起きるというような発想から出発する。

人間集団は自由に活動させれば、弱肉強食で格差が拡大する。人間がただ本能的な我欲のままに活動すれば弱者や貧者は社会での競争に敗れ、みじめに脱落する。だから理性の集合体たる政府が介入して、人間集団の改善を図らねばならない。貧者や弱者の救済に当たらねばならない——

こんな考え方がおおざっぱにいえば、リベラリズムの統治、「大きな政府」の思想だった。

ちなみにこれに対する保守主義は「小さな政府」の政治標語を掲げていた。

人間集団は自由で自主的に活動させておけば、うまくいく。出発点での平等さえ保証すれば、人間は自由自在に競い、努力して、好ましい成果をもたらす。自由な競争こそが社会全体の向上につながる。政府の役割はできるだけ小さいほうが望ましい。社会の脱落者に対しては別個の福祉政策で救いの手を差し伸べればよい——

こんな考え方が保守の思想だった。

バイデン大統領は就任後の一カ月で新政策の推進のために合計六十五本の大統領命令を出した。

そのうちの大多数がトランプ政権の政策の否定や逆転、しかもリベラル的な新方針だった。

トランプ政権が進めていたカナダからの石油をアメリカの本土に運ぶ石油パイプラインの建設を止めたのも、典型的なリベラル政策だった。

経済開発よりも環境保護を重視するという発想だった。

経済か、環境か、という選択も実は保守主義とリベラリズムを分ける政策の顕著な分岐点なのである。リベラル派は経済の開発よりも環境の保護に優先重点をおきがちである。

保守派の発想は逆となる。

だからトランプ政権が地球温暖化防止のためのパリ協定から離脱し、バイデン政権が登場後すぐにその協定への復帰を宣言したのも、保守対リベラルのきわめてわかりやすい政策のコントラストだった。

パリ協定は各国に排気ガスの規制を課する国際的な約束事だった。だがアメリカに課される規制と、中国やインドに課される規制は厳しさが異なる。

トランプ政権はこの点が不公正だとして協定を離脱したのだった。このままだとアメリカ経済の機能が不当に抑えつけられるという主張だった。

だがバイデン政権はそれでもなお世界の各国が排気ガス規制に応じることのほうが大切だと考えるわけだ。簡単にいえば、経済開発よりも環境保護を、ということになる。

トランプ政権が熱をこめて推進したメキシコとの国境の壁建設による違法入国者の大幅規制にもバイデン政権は反対だった。

だからバイデン大統領は就任直後にそのメキシコの壁の事実上の撤廃を命じた。

貧しい人間、弱い人間をとにかく救うと唱えるリベラリズムは社会福祉の支出増大のためには増税もやむをえないとする。

バイデン大統領はすでにトランプ大統領が三五%から二一%に下げた法人税率を二八%に上げると発表した。

バイデン大統領はさらに高所得層への所得税率を大幅に引き上げる方針を示し、恵まれない労働者のためとして最低賃金をいまの一時間七ドル五〇セントから一気に二倍の十五ドルに上げる方針を明らかにした。

政府支出がこれだけ増すとなると、国防費が削減されることになる。トランプ政権が力を入れたアメリカ軍の増強も止まることとなる。

社会主義的議員からの強い圧力

第三は民主党内の対立である。

バイデン大統領は自分の支持母体、選挙母体の民主党内での多様な意見にも配慮をしなければならない。

そのためにはバイデン氏自身が本来、信じる政策をやや曲げても妥協を図るという傾向も必ずあらわれてくることとなる。

いまの民主党内では社会主義的な改革を主張する左派の勢力も強い。

たとえば社会主義者を公言するバーニー・サンダース上院議員である。

大企業への厳しい規制を唱えるエリザベス・ウォーレン上院議員もそれなりに民主党内に強固な支持層を抱えている。

さらには「四人組」と称される下院の四人の過激派女性議員である。

これら左派、過激派は同じリベラルでも穏健派のバイデン大統領に対しては政策の内容に関しても強い圧力をかけることになる。

サンダース、ウォーレン両上院議員は大統領選の民主党候補を選ぶ予備選ではかなりの人気を集めた。州によってはときにはバイデン氏をも破ってきた。

だから民主党内での発言力はまだ強い。

とくにサンダース議員は二〇一六年の大統領選挙でも民主党の指名を獲得するキャンペーンで勝者となったヒラリー・クリントン氏と最後まで接戦を演じた。

民主党内でとくに若手層の支持が強く、今回の大統領選の予備選でも独特の強みを発揮して、バイデン氏をたびたび脅かした。

そのサンダース議員の政策は徹底した「大きな政府」、むしろ社会主義に近い路線である。

サンダース氏はみずからの政治的立場を必ずしもリベラルとは呼ばず、社会主義という表現とともに「革新」と特徴づけることも多い。

バイデン大統領はそのサンダース的な政策を支持する民主党内の動きは無視も軽視もできないのである。

下院のアレクサンドリア・オカシオ＝コルテス議員ら若き女性の四議員は「警察への予算停止」を主張するほどの革命色をみせる。

その四議員の一人、イルハン・オマル氏はソマリア生まれのイスラム教徒である。十二歳のときにアメリカに移民として定住した。いまもイスラム教の衣装を着てアメリカ議会で活動する。

この女性四人組は弁舌も迫力があり、自分たちの信じる革新的な左傾の政策をバイデン政権が採用することを常に主張している。

なにしろこの左派の人たちは政策面では同じ民主党でも穏健派のバイデン氏よりもずっと過激な革新色が濃いのである。

医療保険でも政府がすべて面倒をみる国民皆保険の即時の実施を唱える。

すべての大学での学費免除を主張する。

さらには大企業に対して課税の大幅引き上げや生産活動への厳しい規制などを要求するのである。

その志向は明らかに社会主義的なのだ。

バイデン政権としてはリベラル政策を保持しても、アメリカの経済活動の基本的な自由までが規制の対象になるという社会主義的、計画経済的な政策にまでは踏み切れない。

だがその方向へのシフトを求める民主党内の圧力も強い。まさに板ばさみの悩みである。

バイデン大統領にとってはこのあたりの民主党内の相克にどう対処していくべきかも、大きな課題なのである。

そしてその種の民主党内のせめぎあいこそがバイデン政権の特徴ともなっていくわけだ。

新政権の高官はオバマ大統領の部下ばかり

ではバイデン新政権の対外政策はどうなるのか。

同政権の外交政策、とくに対中政策については本書の後半で詳しく報告するが、ここでは基本の特徴をいくつかあげておこう。

まずバイデン政権の対外政策を占ううえで最初に大きな指針となるのは、バイデン氏が新政権の中枢の要員として選んだ人物たちの顔ぶれが、オバマ政権の再現だという点である。

とにかくバイデン氏が新政権の高官として選んだ男女はほぼ全員、バラク・オバマ大統領の下で働いた人ばかりなのだ。

もっともバイデン氏自身がオバマ政権の副大統領として八年間も活動したのだから、自然だとはいえよう。

だがこの状態はワシントンの民主党べったりではない論者たちの間では「バイデン政権は第三次オバマ政権だ」という皮肉っぽい反応を生んだほどである。

第一次、第二次と続いたオバマ政権の事実上の延長ではないか、という批判だった。

とくに対外的な政策や戦略のかなめとなる国務長官となったアントニー・ブリンケン氏、国家安全保障補佐官のジェイク・サリバン氏、国家情報長官のアブリル・ヘインズ氏はいずれもオバマ政権で同様の一段階ほど低いポストに就いていた。

この人事からは当然、バイデン政権の外交もオバマ政権のそれに似るだろうという予測が生まれる。

オバマ外交といえば、融和と妥協で知られてきた。

・ロシアのクリミア軍事併合
・中国の南シナ海での軍事膨張
・イランの核兵器開発の急前進
・イスラム国（ＩＳ）のテロ激化
・シリア政府軍の化学兵器使用

こうした危険な事態はみなオバマ政権時代に起きていた。

オバマ政権は国際秩序を壊すこれらの出来事への断固たる阻止の動きは基本的にはとらなかった。

対決を忌避するその傾向は民主党リベラル派の対外姿勢の底流としてバイデン政権にも引き継がれることが指摘されるわけだ。

そのうえに新政権はとにかく国内政策を優先すると宣言しているのである。対外政策にどこまで国家としての資源や人材、そして時間と精力を投入できるかという疑問も起きるわけだ。

しかしバイデン氏自身はアメリカの国際的なリーダーシップの重要性は説いている。二〇二〇年四月に主要外交雑誌に発表した対外政策論文では「なぜアメリカは主導せねばならないか＝トランプ後のアメリカ外交政策」と題して、「アメリカ第一主義」から「国際協調」への重点移行を主張した。

このバイデン論文はアメリカの同盟諸国との絆の再強化をうたい、民主主義諸国が結束しての「民主主義サミット」の開催の意図を表明した。トランプ政権が離脱した地球温暖化防止のためのパリ協定や世界保健機関（WHO）への復帰をも言明していた。

だが同論文ではいまのアメリカにとっての最緊急課題の中国やロシアの動向への具体的な対処は曖昧なままだった。

そしてバイデン政権が実際にスタートして一カ月が過ぎても、中国とロシアに対する基本的な政策は不明のままだといえる。

大統領はじめ高官たちは中国についてはは批判や非難を断片的にはいろいろと述べる。中国側の不公正や無法な行動への糾弾の言葉は表明する。

だがその結果、中国に対して実際にどんな具体的な行動をとるのかというと、それは少なくとも数カ月をかけての総合的な政策研究を待つというのだ。

その政策はもちろんこれからバイデン政権の要人たちが決めていくわけだが、それら要人たちは全員が全員、オバマ元政権で働いてきた専門家ばかりだという事実のために、どんな新戦略を出せるのか、懸念も生まれるわけである。

政権中枢部での初めてのスキャンダル

さてこの章の最後ではバイデン政権が実際に発足して一カ月、全体としてはスムーズな前進を始めた観があるが、なお人間らしさを感じさせるスキャンダルもすでに起きたことを報告しておこう。

バイデン政権は後述するように主要メディアの全面的ともいえる支援を得ている。だからその失態や醜聞はなかなか大きくは報道されない。とはいえ、そんななかでもすでにミニスキャンダルを起きているのだ。

バイデン大統領の特別補佐官兼副報道官が女性記者に対してセクハラとみなされる脅しやののしりの言動をとったことを理由に事実上の解任となった。

この事件はバイデン政権中枢部での初めてのスキャンダルとして波紋を広げた。

二〇二一年二月の上旬から中旬にかけての出来事だった。

ホワイトハウスのサキ大統領報道官は二月十六日の記者会見で次のような発言をした。

副報道官のT・J・ダクロ氏の動向についての一見、奇妙な言明だった。

「彼はもうバイデン政権のホワイトハウスには雇用されていない。そのことが彼の言動についてのホワイトハウス側の判断を物語る」

この言明の前にはちょっとした事件が起きていた。

ダクロ副報道官がワシントンを拠点とする政治新聞の「ポリティコ」の女性記者タラ・パルメリ氏に対して「お前をめちゃめちゃにしてやるぞ」などと脅したという報道が流れたのである。

この事件を最初に報道したのは有名な文化総合月刊雑誌の『バニティフェア』の二月十二日発行の最新号だった。

その後はポリティコを含む他のニュースメディアにより同じ内容が報道された。

それらの報道によると、ダクロ氏はホワイトハウスを担当する他の女性記者と愛人関係にあり、癒着の疑惑があることが明らかとなったという。

パルメリ記者がそのことを追跡報道する目的でダクロ氏に取材のため接触して質問をすると、同氏はそんな記事は書くなと脅しをかけ、女性蔑視の下品で暴力的なセクハラ発言を繰り返したというのだった。

ホワイトハウスはバニティフェアの記事が出た十二日にダクロ氏に対して懲罰のための一週間の停職という措置を発表した。

だがこの措置が寛容すぎるという批判が多方面から起きた。

翌十三日にはダクロ氏自身もセクハラの言動をとったことを認め、公開の場で謝罪を述べた。同氏は同時に暫定的に職務を辞任する意向を表明した。

その後、ダクロ氏の確実な職務の状態が不明のまま同氏のセクハラ発言の報道は一気に多くのメディアで伝えられた。

サキ大統領報道官の十六日の言明はこの不確実な状況に終止符を打ち、ダクロ氏がバイデン政権から正式に離れたことを明確にしたというわけだった。

しかしサキ報道官は同時に以下のようなことも述べたのだった。

「バイデン大統領が就任直後にホワイトハウスなどのスタッフたちに対して『必ずお互い

に尊敬や丁寧な気持ちを保つという態度で接することを求め、もしその要請に応じない事例があればその当事者を即時に解任する』との通達を出したことを想起してほしい」

サキ報道官のこの言明はダクロ副報道官がその大統領の通達に違反して、実際の解任という措置を受けたことを意味する、と解釈された。

ダクロ氏はいま三十二歳の若手だが、ジャーナリスト経験のある民主党政治活動家として二〇二〇年の大統領選ではバイデン陣営に加わり、枢要な役割を果たした。広報や宣伝を担当して高い評価を受けたという。

その結果、バイデン政権では一月二十日の出発の時点から大統領の特別補佐官という地位を与えられ、同時にサキ報道官を助ける副報道官にも任命されていた。

ダクロ氏はメディアではNBCテレビやMSNBCテレビに所属して、政治報道やその企画、調整などにあたってきた。

この騒ぎはバイデン政権にとって初めての大統領特別補佐官という枢要な立場の人物のスキャンダルということとなった。

第二章

選挙不正の影響は止まらない

いまだ「バイデン勝利」を認めていない

バイデン政権にはこれまで述べてきたように弱点も多い。そのスタート時点からすでに背負ったマイナス要因ともいえよう。あるいは微妙に広がる黒い影とでも評せようか。

そんな影の一つは大統領選での結果である。バイデン大統領には選挙での不正の疑惑という負の要因がつきまとっているのだ。

たしかに選挙は公式にはバイデン候補の勝利に終わった。二〇二〇年十一月三日に実施された大統領選挙は開票、集計の結果、バイデン候補がトランプ候補より確実に多い総得票数、各州の選挙人数を得て、当選した。その結果は正規の手続きに従い、民主主義の根幹である多数決によって確定された。

だから公式にはバイデン氏がアメリカ合衆国第四十六代の大統領であることには疑義はないのだ。

ところがそれでもなお選挙不正の疑惑がバイデン政権には屈折した形でつきまとうのである。

その疑惑のわかりやすい部分はトランプ前大統領とその支持者たちがバイデン勝利を認

めていない点である。

とにかく二〇二〇年の大統領選の戦いは異常だった。異様なほど熾烈でもあった。新型コロナウイルスの大感染がアメリカ全土を襲うという異常事態下の選挙となったからだ。

そのうえにドナルド・トランプという型破りの現職大統領への敵意に満ちた民主党側の熱気も通常ではなかった。対抗する同大統領もみずからがコロナウイルスに感染しながらも激しい反撃に出るという、これまた異様な展開だった。

その選挙の最終結果は年明けの一月六日まで確定しなかった。投票日から二カ月以上も後だった。

ただし報道の次元ではアメリカの主要メディアが先頭に立ち、バイデン氏の勝利を言明した。バイデン氏自身も勝利を宣言する全米向けの声明を出した。総得票、各州の選挙人の獲得数のいずれもバイデン氏がトランプ大統領を上回ったのだから、バイデン勝利という流れの勢いは決定的とされた。

しかしなおトランプ氏は敗北を認めなかった。選挙の投票や開票には大規模な不正があったとして一連の訴訟を起こした。同大統領を支持してきた共和党全体としてもなお上院の重鎮のミッチ・マコーネル議員やリンゼイ・グラハム議員らが徹底抗戦を呼びかけた。

トランプ氏はバイデン氏が大統領に就任した一月二十日を過ぎてもなお、バイデン氏の勝利を認めていないのだ。

このトランプ陣営の動きは無視できない。

民主主義政治の原則からみても、選挙自体に不正の疑惑があれば、その疑惑を正当な手続きによって晴らしてこそ初めて結果が確定するわけだ。その点をうやむやにしてしまうことこそ、民主主義の原則からの離反だろう。

バイデン大統領とその支持層はこのトランプ陣営の「選挙不正」の主張を「根拠がない」と頭からしりぞけた。「ウソ」とか「陰謀論」とも断じた。実際に各州の地方裁判所に出された選挙不正や集計不正の訴えも選挙結果を覆すだけの効果も実態もないとして排された。

だが個々の不正の事例について客観的な調査や検証もまずなかった。不正疑惑は全体を一括にして扱われ、否定されただけだった。

だからトランプ支持層はなおさら納得しない。バイデン大統領の登場後でもトランプ氏に投票した約七千五百万人のアメリカ有権者たちの七割ほどが「選挙には不正があった」とか「バイデン陣営は不正により選挙を盗んだ」という認識を示すのだ。そのすべてを「ウソ」とか「陰謀説」で一蹴するにはあまりにも広範なアメリカ有権者たちの主張なのだ。

そのうえにトランプ陣営側からの選挙不正の訴えはきわめて多数であり、その内容は具体的である。またバイデン陣営はその主張を「ウソ」だとはねつけるだけで、実際にその具体的な事例の内容を検証はしていない。

だからこの選挙不正疑惑はいつまでも続き、バイデン政権の行く手に影を広げ続けることとなる。もう決着がついた選挙戦なのだとして無視することはできないのである。

投票から五日後の選挙不正の訴え

ではトランプ陣営の選挙不正の訴えはどんな内容であり、どれほどの信憑性があるのだろうか。

この点を知っておくことはバイデン政権の今後を占う作業にも必要となってくる。

トランプ陣営の選挙不正に関する公式の立場は大統領の主任弁護士のルディ・ジュリアーニ元ニューヨーク市長によって最初に昨年十一月八日の記者会見で説明された。実際の投票から五日後という時点だった。

会見の場所はペンシルベニア州のピッツバーグ市だった。トランプ陣営からすると、同州の票が最も不正な投票や開票の疑いが濃く、同州の選挙人二十という規模からしても、その結果の修正や逆転は選挙全体の結果をも変えるだけの重みを有するというのだった。

ジュリアーニ氏の報告を主体とするトランプ陣営の不正追及の主張は、この時点では以下のような骨子だった。

・保守系の全米規模の人権主張団体「ジュディシャル・ウォッチ」は選挙時の調査でミシガン、ニューメキシコ、コロラドなど全米合計二十九州の三百五十二郡で国政調査での有権年齢住民数よりも有権登録者数が合計約百八十万人も多いことを確認した。その過剰分は不正な登録の疑いがある。
・ネバダ州ラスベガス地区の郵便投票の署名確認は約六十万票のうち二十万票は機械だけで実施され、その機械での検査は全体で四十%ほどの正確度しかないことが立証された。共和党系組織は他にネバダ州から州外にすでに移転した有権者約九千人の州内での「投票」を確認した。
・アリゾナ州では共和党系団体が民主党系の選挙管理者たちが投票者の投票記入に特定のペンを使うことを指示したのは「記入が不明となり、管理者の恣意で民主党に有利に結果を解釈できたからだ」として訴訟を起こした。同時に同州内の開票所の多くで共和党側の立会人が開票作業への接近を阻まれたことにも抗議の訴訟がなされた。
・保守系の市民団体「公共利益法律財団」はペンシルベニア州での有権者資格の調査によ

り、少なくとも約二万一千人がすでに死亡したにもかかわらず登録有権者となっていたことを発見し、訴訟を起こした。

・ペンシルベニア州では投票日を過ぎた後に到着した郵便投票を本人投票分と混ぜて開票作業をしていた州当局に対して、共和党側の訴えにより連邦最高裁のサムエル・アリト判事がその混合を停止する命令を出した。混合は郵便投票の無資格票が有資格とみなされる比率を高めるのだという。

・ペンシルベニア州の郵便局員数人が上司から投函の期日遅れの郵便投票を消印の不当操作などにより有効にみせかけることを指示されていた。その大多数がバイデン票だったとみられる。そのうちの一部郵便局員が共和党側の調査に応じて証言し、訴訟につながった。

トランプ陣営は以上のような動きのなかではとくに全米二十九州で合計百八十万と目される「幽霊有権者」の状況をつかみ、不正選挙の全米規模での実態を追及すると同時に、選挙結果全体をなお左右しかねないペンシルベニア州での調査にも焦点を絞るという構えをみせた。

ジュリアーニ氏らはとくにこの時点でバイデン氏が四万六千票のリードを保ったままな

お最終確定できなかったペンシルベニア州での不正の追及に力を入れことを表明した。トランプ陣営ではほかにジョージア、アリゾナ、ウィスコンシンなどの僅差の州での投票、開票の正当性をも綿密に調査するとしていた。

投票から五日後の時点では以上のような大規模の選挙不正の訴えが述べられていたのである。

そして共和党側での選挙不正を指摘する声は驚くほど広範にあがった。

上院の共和党の有力議員のマルコ・ルビオ、テッド・クルーズという気鋭の二人もトランプ大統領の主張に完全に同意していた。

この両議員とも前回二〇一六年の大統領選挙では共和党の指名をトランプ氏と争って、最後まで闘った実績の政治家だった。

だがルビオ、クルーズ両議員ともトランプ政権下ではすっかり大統領に同調するようになり、二〇二〇年の大統領選では「民主党の選挙不正」を非難するようになった。

下院でも共和党議員百三十人以上が最後の最後まで民主党側の不正を主張して、選挙自体の無効を公式の議会の場で訴えた。

郵便投票のあまりに多様な欠陥

こうした非難に対してバイデン陣営、民主党議員たちは「根拠なし」と否定する。メディアでも民主党支持のワシントン・ポストなどの主要媒体は「根拠のない主張」と一蹴する。

日本の大手の新聞やテレビも同様に「トランプ大統領の選挙不正の主張はなんの根拠もない」と切り捨てていた。だが「不正の主張には根拠がない」とする断定にどれほど根拠があるのだろうか。このあたりの疑念がバイデン政権にはこんごもつきまとうといえよう。

選挙には不正はなかったと主張する民主党勢力や民主党支持メディアが触れないのは郵便投票の異様な実態だった。この郵便投票はどうみても不正を生みやすい温床となっていた。

今回の選挙での最大の特徴だった異様なほどに多い郵便投票には制度的、構造的、歴史的にあまりに多様な欠陥があった。正しい投票が投じられない抜け道があまりに多かった。どう控え目にみても不透明な部分が多かった。

トランプ陣営がこの郵便投票の欠陥を非難したのは当然だといえた。

その郵便投票に光をあてておこう。日本のメディアの報道ではこのアメリカ大統領選の最大の特徴だった郵便投票に触れることがおよそなかった。まるでタブーであるかのように、郵便投票がこの選挙では異様に多かったという点は報じても、その郵便投票にどんな特徴があり、どんな欠陥があったのかという解説は日本の主要な新聞やテレビでは私はまずみたことがない。

しかもこの郵便投票はアメリカでのこれからの二〇二二年の中間選挙、そして二〇二四年の次回の大統領選挙でも大きな役割を果たすことは確実である。郵便投票の利用に成功した民主党側はその方式をさらに拡大しようと試みている。

一方、郵便投票のために負けたという意識の強い共和党側は各州の選挙に関する規制を変えて、郵便投票が民主党を利することを防ごうという対策をとり始めたのだ。

郵便投票の説明の前に、その基盤となるアメリカの選挙の制度や方式についてまず解説しよう。

アメリカの大統領選ではアメリカ国籍を持つ十八歳以上の男女が有権者となる。ただし事前にその「有権」を登録しておかないと、実際の投票はできない。有権登録である。

そしてその投票は投票日の当日に本人が在住登録をしている地元の投票所に出かけて、有権の資格を証明し、一票を投じるという形で実施される。これが通常の本人投票である。

この方式は日本とまったく変わらない。

ところがアメリカでは近年の傾向として投票日には都合が悪いという有権者たちのために事前投票が広範に認められるようになった。投票日には居住地にいないという意味で不在投票とも呼ばれる。

その事前投票には有権者本人が事前に決められた投票所に出かけて、投票日の不在を前提に事前の一票を投じるという方式が多かった。だがその事前投票の別の方式として郵便投票という手段もあった。

今回の選挙ではこの郵便投票が驚異的に増大した。

全投票数の一億六千万ほどのうち半分を超える八千万票以上がなんと郵便投票となったのだ。郵便投票以外の事前投票を加えると、投票日の当日の有権者本人による本人投票よりも事前投票が多いという異様な状態となったのである。

前回の二〇一六年の大統領選では郵便投票は全体票のおよそ四分の一、約三千三百万票ほどだった。だから今回は倍増以上だったのである。

その最大の原因は新型コロナウイルスの大感染だったといえよう。だがそれ以外にも民主党が全米での総力をあげて、郵便投票の拡大に努めたことが指摘される。

共和党側はこの郵便投票の拡大にこそ民主党バイデン候補の勝利の主因があり、そのプロセスには多様な不正がからんでいたと主張した。

この郵便投票の不正の指摘は共和党側からだけに限らない。中立の立場に立つ専門家筋からも同様の指摘が出ているのだ。

そのあたりの実態を知ることは今回の選挙後の大混乱を理解するうえでは欠かせないだろう。

民主党に決定的な有利をもたらした「投票収穫」

今回の郵便投票ではとくに「投票収穫」という方式が民主党側に決定的な有利をもたらした、と指摘される。共和党側だけの指摘ではない。

郵便投票を重視した民主党がここ数年、熱心に進めてきた特殊な方式が「投票収穫」なのである。バイデン氏が勝利したのはこの作戦の成果でもあるとの指摘はアメリカ政界の多方面で表明されている。

ただし民主党に有利だとみられるこの新方式の実態や是非を民主党支持の大手メディアが取り上げることはきわめて少ない。

では「投票収穫」とはなんなのか。

ここで使われる「収穫」とは英語ではHarvestである。実った穀物や果物など農作物の取り入れという意味によく使われる。実った農作物を採取して消費者に届けるという行為だともいえよう。

アメリカの選挙での「収穫」とは郵便投票をする有権者たちから特定の人がその票を集めることを指す。本来の郵便投票では票を投じる有権者本人がその票を郵送するための投函などを自分でするわけだが、この「投票収穫」の方式では特定の「収穫人」がその票を集めて回るのである。そして選挙管理側に届けることとなる。

この「投票収穫」という言葉は郵便選挙の一方式として公式にも使われるようになった。一般の政治用語、選挙用語としてだけでなく、各州の選挙関連の法律でもそのまま使われるにいたった。

共和党側はこの「投票収穫」にこそ民主党側の優位や不正がひそんでいるのだと非難する。

アメリカでは大統領選挙でも連邦議会選挙でも伝統的に郵便投票は民主党側を利するという現実がさまざまな形で立証されてきた。

民主党は共和党にくらべ、選挙での投票資格が曖昧な支持者が多い。つまりアメリカの国籍や一定地の居住、有権者登録などの投票資格が不透明という市民たちがより多く民主党支持に傾き、また民主党側でもその種の市民たちにアピールする傾向が強いのだ。

このこと自体は決して悪いことではない。民主党が伝統的に社会での弱いもの、貧しいもの、恵まれないものに救いの手を差し伸べてきたという結果でもあろう。ただしその結果、投票資格がない人間が不透明な形で投票してしまう。あるいは投票資格のない人間からの票も集めてしまう。そんな現象がよく起きてきたのだ。そしてその不正や疑惑の温床になるのが監督の目の届きにくい郵便投票だった。

だから共和党側からすれば、郵便投票の規模が広がれば広がるほど民主党候補者が有利になる、という認識なのである。

では民主党は近年、郵便投票、そしてとくに投票収穫をどのように発展させてきたのか。

民主党は二〇一六年の大統領選挙での敗北後とくに郵便投票を重視するようになった。ことにその郵便投票の方式として、投票収穫を熱心に推進するようになったのである。

民主党は二〇一八年の中間選挙でもこの投票収穫方式を多様な形で導入し、下院議員選挙ではとくに成功をおさめた。

民主党はこの展開に元気づけられることとなった。二〇一九年一月からの議会新会期では下院の民主党議員たちはこの投票収穫を連邦政府の法律に盛り込もうという努力を始めたのだ。この新議会の最優先の法案として民主党議員団は「選挙改革法案」をナンシー・

ペロシ下院議長の主導で提出したのだった。
この法案は連邦政府が各州選挙管理当局に次のような措置を取ることを求めていた。

▽事前投票、とくに郵便投票の制度的な拡大
▽郵便投票拡大のための有権者の登録の簡素化
▽郵便投票での本人確認の手続きの緩和
▽郵便投票の到着期限の緩和
▽郵便投票の内容と送付者の身分証の合致検査の緩和

以上のように郵便投票の規則を全体として緩やかにすることを目指した「選挙改革法案」はその最大の狙いとして以下の項目を強調していた。

▽郵便投票を有権者から採取する「投票収穫人」の活動規制を緩和して、一人の収穫人が多数の郵便投票の収集ができるように自由化する

下院民主党はこの法案を二〇一九年いっぱいの議会での成立を目指した。とくにこの年

からの議会は下院では民主党が多数を占めるようになった。だから下院で可決したこの法案を上院へと送ったが、上院では共和党多数派の反対にあい、法律とはならなかった。

それでもなお民主党側は同法案の趣旨を各州政府に訴え、州段階での郵便投票の規則緩和やとくに投票収穫の拡大を求めて、かなりの範囲で成功を収めた。

民主党ではその後、二〇二〇年の大統領選挙に向けても郵便投票の自由化や投票収穫の制度的な拡大をさらに強く求めて、その趣旨の法案をまた下院に提出するにいたった。

このときに民主党側のこの動きへの強力な追い風となったのが中国発の新型コロナウイルス大感染だった。

「収穫」方式なくしてバイデンは勝てなかった

二〇二〇年といえば、その一月からアメリカでは中国発の新型コロナウイルスが急速に感染を広げたのである。その大感染は選挙での活動や投票という動きを大幅に制限し、郵便投票の必要性を一気に高める効果をもたらしたのだ。

その結果、今回の大統領選では全米二十四州で有権者が郵便投票に際して、その票を集める収穫人を自由に選べるようになっていた。従来は家族や特別な友人などに限られていたのだ。

そのほか七つほどの州では一人の収穫人が十人までもの郵便投票を採集できるようになった。収穫人が民主党の活動家となった実例も多くの州で報告された。

郵便投票のこうした特徴について大手紙ウォールストリート・ジャーナルの選挙問題に精通するキンバリー・ストラッセル記者が選挙投票後に詳しい解説記事を発表していた。

二〇二〇年十一月十三日付の同紙に載った「二〇二〇年選挙での収穫」と題する長文の記事だった。とくに「投票収穫」と民主党の集票力の急増について書いていた。

この記事の骨子は以下のようだった。

・民主党は「選挙改革法案」によりまず登録有権者のリストアップを従来の選挙管理関連の資料からだけでなく、社会福祉や大学入学の記録などから実施するという有権者基盤の拡大を目指した。できるだけ多くの住民が自動的に有権登録するというシステムの構築を目指した。有権者層の自由な拡大は民主党票を増やすことにつながった。

・民主党は同時に投票日前の事前投票、とくに郵便投票を容易にするために、郵便投票用紙の発送の自由化、郵便投票の郵送期限の緩和、郵便投票の内容と発送有権者の身分証との合致作業の緩和、そして投票収穫人が地域社会の多くの世帯を回り、多数の郵便投票を集めて選挙管理当局に届ける手続きの簡素化、自由化を図った。多くの州でこの民主党側の要請が認められた。

・この民主党の「選挙改革」は連邦レベルでは上院共和党の反対のために連邦法とはならなかったが、各州政府は民主党側の個別の要請を受けて、郵便投票の緩和化、自由化の方向への措置を認めるにいたった。民主党側はとくにコロナウイルス感染の拡大後は有権者自身が投票所に出かけて票を投じる「本人投票」の危険を訴え、訴訟を起こしてまで州当局に「改革」を認めさせることに成功した。

・共和党側はこの民主党の「選挙改革」を違憲だと当初から非難した。上院共和党の院内総務ミッチ・マコーネル議員は「この民主党の動きはアメリカ政治の基本ルールを一方の政党にとって有利となるように変えようとする露骨な工作だ」と糾弾した。保守系研究機関のヘリテージ財団のアメリカ政治専門家のハンス・フォン・スパコフスキー氏は「そもそも郵便投票は選挙管理当局者の正当な監視を不可能にするという点で最悪の選挙方式だといえる」と批判した。

ストラッセル記者は郵便投票や投票収穫について以上のように解説し、この「収穫」方式がバイデン氏に勝利をもたらした最大の要因だと総括していた。

ウォールストリート・ジャーナルはニューヨーク・タイムズなどとは異なり、民主党べったりという新聞ではない。論説の基調は保守的だといえるが、トランプ政権の支持ばかりではない。

そのうえストラッセル記者は政治や選挙に関してのベテラン専門記者である。これまでの定評は高い。だからこの解説記事も客観的だといえよう。

トランプ陣営ではこの「投票収穫」の方式の下で、多数の州で無資格者や死者からの郵便投票が集められ、有効票として数えられたと主張している。

共和党側は現地に存在しない住民の郵便投票が民主党側に投じられ、一方、トランプ氏への郵便投票が民主党側の「収穫人」によって大量に破棄された事例があるとも主張している。

いずれにしても郵便投票とその実施に際しての投票収穫方式が今回の選挙での大きな問題となって未解決のままとなったわけである。また郵便投票のあり方自体がこんごのアメリカの選挙では重大な課題となっていくことは確実である。

しかし日本の主要メディアのアメリカ大統領選報道ではこの郵便投票の問題や課題はまったく伝えられることがなかった。その最大の理由はアメリカの民主党傾斜の主要メディアがまったく報道しなかったからだろう。

バイデン陣営での大規模な不正を記した報告書

このような郵便投票のゆがんだ構造などから生じた大統領選挙での不正疑惑とはなんだったのか。その疑惑はこんごのバイデン政権の統治にどんな影響を与えるのか。

これまで何度も述べてきたように、この点はすでに終わってしまった事象ではない。これからのアメリカの政治にも大きな影を投げ、影響を及ぼす現実なのである。だからその疑惑の内容を具体的に知っておく必要がある。

共和党側から提起されるその具体的な主張はこの章でもすでに概略と実際の事例の一部を紹介した。

だが日本側にとって不運なことは、これらの選挙不正の疑惑の内容がほとんど日本の主要メディアでは伝えられていない点である。トランプ陣営の唱える選挙不正はとにかく「ウソ」とか「陰謀」として片づけられ、その内容が報じられないのだ。

その日本側での認識の欠陥を埋める意味でも改めてトランプ陣営の主張を総括的に伝えておこう。トランプ陣営や議会共和党勢力からはきわめて多数の不正の指摘がなされているが、最も包括的、体系的だといえる主張は「ナバロ報告書」だといえる。

トランプ政権の経済、通商担当の大統領補佐官だったピーター・ナバロ氏は今回の大統領選挙では民主党のバイデン候補支持陣営に大規模な不正があったとする詳細な報告書を発表した。

選挙の投票日からちょうど一カ月半が過ぎた十二月十七日の発表だった。だからナバロ氏はまだ政権に在任中だった。

トランプ政権の通商製造政策局の局長としても大統領に近かったナバロ氏の報告は政権全体の見解を代表する糾弾として、きわめて具体的な証拠や証言を多数、提示した点が注目された。

ナバロ氏はこの日、記者会見を開き、「徹底した欺瞞・選挙違反の六つの局面」と題する合計三十六ページの調査報告書を公表した。

その内容は二〇二〇年の大統領選挙の勝敗を分けたとされるアリゾナ、ジョージア、ミシガン、ネバダ、ペンシルベニア、ウィスコンシン計六州に焦点を絞っていた。そして、そのいずれの州でも選挙の運動から投票、開票、集計などのプロセスでバイデン氏を有利にする組織的な不正工作があったと断定し、その不正の調査を求めていた。

民主党側では当然ながらこの種の主張は「根拠がない」として排除した。しかしナバロ報告書は不正の根拠として不正を目撃、あるいは感知した人物の実名をあげての宣誓供述書、公聴会や法廷など公式の場での証言を提示していた。さらに不正を裏づけるような録画や録音、民間団体や研究機関の調査報告、法律家の証言などを提示した。

この点では同報告書は共和党側、トランプ陣営からの不正の糾弾としては最も詳細かつ具体性を持つ発表だった。

同報告書はそのうえで「民主党や同党支持の主要メディアの『選挙不正の主張には根拠はない』という主張こそ、根拠はなく、きわめて無責任だ」と非難していた。

同報告書はミシガン州などの同六州の集計はいずれも僅差であり、不正がなければ、トランプ大統領が各州の選挙人を獲得して、最終的に勝利者となっただろう、という立場をも改めて打ち出した。

六つの局面での不正の実例

ナバロ報告書の骨子は以下のとおりである。六つの局面として個別の項目に分かれていた。

実際の不正の実例としてはここではとても報告できないほどの多数のケースが明記されていたが、その代表的な例だけを紹介する。

【明白な投票欺瞞】

この種の具体的な実例は大規模な偽造票、買収、死者の投票、無資格者の投票、同一票の重複集計、非居住者の投票など、全六州に及ぶ。

偽造票としてはニューヨークから偽造の郵便投票書類約十万人分をトラックに乗せ、ペンシルベニア州各地の違法、合法の投函所に配る作業を民主党組織から依頼されて実行した運転手がその旨を証言した。

ジョージア州アトランタではバイデン陣営の一員が正当ではない投票多数を自分の所持品から取り出して、開票分に加える光景が監視ビデオで撮影された。

買収としてはネバダ州の原住民（アメリカン・インディアン）居留地近くでバイデン陣営の運動員が複数の原住民に対してバイデン候補に投票すれば、百ドル相当のプレゼントをすると語っている光景が録画された。

ペンシルベニア州ではトランプ陣営はすでに死亡広告が出た州民約八千人が同じ名前で投票していたことを確認した。

ミシガン州では一九〇〇年代前半に生まれた死亡が確実な州民多数の投票が発見された。

ネバダ州では半年前に死んだ妻の名の投票を確認した男性が名乗り出た。

ジョージア州ではすでに州外に移転した有権者約二万人の投票が発見された。

ウィスコンシン州では民主党系の選挙管理役が同じ票を集計機械に数回、インプットする光景が目撃された。

アリゾナ州では合計七万五千もの不在投票が収集されたはずなのに、選挙管理当局には届かず、行方不明となった。

【投票の不正操作】

ネバダ州では民主党系運動員が投票所で正規の有権登録証のない住民たちを集め、その場で州の運転免許証を暫定発行して投票を可能にした。

ジョージア州では州当局が郵便投票の本人署名の合致手続きをあえて緩和し、曖昧な署名の郵便投票も有効とした。郵便投票ではバイデン支持が圧倒的に多かった。この署名点検の緩和措置により百二十万票ほどの行方が左右されたとみられる。

ペンシルベニア州では郵便投票で不可欠とされる二重の封筒（内部の封筒は投票だけで投票者の実名が記されないが、外部の封筒には実名や有権証明の記載が義務とされる）のうち外側の封筒がなくても有効とされる事例があいついだ。

ペンシルベニア州などでは民主党側は郵便投票の「収穫方式」として一人の収穫人が多

数の有権者から郵便投票をほぼ自由に集めた事例が報告された。

郵便投票は本来、本人が個別に郵送することが原則だが、多くの州で民主党の要求により、代理人としての「収穫人」が多数を集められるようになった。そのプロセスでは中立の選挙管理当局の監視が不在となった。

ウィスコンシン州では郵便投票を投函できる箱が全州で約五百カ所に設置されたが、その多くが民主党支持者の多い都市部に集中していた。

ペンシルベニア州では民主党系とみられる活動家がジープで多数の郵便投票投函箱から勝手に票を取り出して、持ち去る光景が録画された。

ウィスコンシン州では郵便投票の日付の消印がないとか、日付が締め切りの後になっていても、無視をして有効票とみなすように上司から指示された郵便局員がその不正を宣誓証言した。

【投票プロセスでの反則】

ジョージア、ペンシルベニア、ミシガンの各州などでは投票や開票に立ち会う共和党系の要員たちが特定の段階で退場を求められるという事例があいついだ。退場でなくても開票所の特定の領域から出ないことを命じられた例も多かった。

ウィスコンシン州ではバイデン陣営が独自に事前投票の拠点として「民主主義公園」という場を実際の投票所のすぐ隣に設けて、投票手続きを支援することによって不当な影響力を行使した。

ジョージア州では約二千人の無資格者が実際に投票をしたという資料を共和党側が入手して提示したが、民主党側の強硬な反発で州当局も修正措置をとらなかった。

投票の記入手続きに不備があり、投票者の意思が不明な場合、一定の規則に従って「訂正」の措置がとられるが、ペンシルベニア州では「訂正」を必要とする欠陥票約四千五百票が一方的に破棄された。その多くがトランプ票だったとみられる。

以上のような指摘のほかにナバロ報告書は民主党側の不正の実例として以下の三項目の実例を記していた。

【選挙平等性保護規則の違反】
【選挙開票機械の不正確性】
【激戦六州の統計的異様性】

以上の三項目をすでに紹介した三項目と同じように選挙不正の具体的な「局面」の実例として列記していた。

ナバロ氏は総括として、民主党側のこの種の組織的かつ大規模な不正は今回の選挙の正当性を否定するとして、バイデン勝利という判定にあくまで挑戦していた。政府や議会としての本格的な調査の開始をも要求していた。

その種の要求は結果としてみな退けられたわけだ。だがその余波は尾を引くのである。なにしろその要求はトランプ氏に投票した七千五百万人近くのアメリカ有権者の大多数に支持されているのだ。

共和党側の主張ではこれら六州の激戦州ではバイデン、トランプ両候補の得票はきわめて僅差であり、全体でわずか六万七千票がバイデン側からトランプ側へと「是正」されれば、選挙人獲得の数で逆転が起き、選挙結果全体が覆ってしまう、のだという。

この計算にもトランプ支持者たちの口惜しさが露わになっているといえよう。

いずれにしてもトランプ陣営のこうした抗議の内容も具体的に知っておくことは重要だろう。

百三十八人の下院議員が選挙結果を認めていない

バイデン陣営の選挙不正を糾弾する声は連邦議会でも最後まで残った。最後とは連邦議会の上下両院が合同会議で全米各州の選挙人の確定をした日である。

二〇二一年一月六日、トランプ支持者の一部が連邦議会に乱入した日でもあった。まさに議会でのこの合同会議の審議に圧力をかけようとしての乱入だった。

選挙不正の非難がバイデン政権に与える今後の影響を考えるうえでは、この議会での動きはきわめて重要である。上下両院の議員たちはトランプ政権時代からバイデン政権時代へとそのまま残る顔ぶれが多いからだ。

共和党側ではバイデン陣営の選挙不正を指摘して、バイデン氏の勝利を絶対に認めないと主張した議員たちが最後の最後の審議の場でもなお百数十という多数、残ったのである。こんな事態は異例だった。

より具体的には一月六日の議会合同会議では各州ごとに選挙人をバイデン、トランプどちらの候補が獲得するか最終の公式の決定が上下両院議員総計五百三十五人によって決められていった。開票結果はすでに州段階では決まっていた。

その結果を連邦議会が認めれば、大統領選挙の全体の結果が最終的に公式決定される。文字通りの究極の決定の場だった。

その合同会議は議事堂への乱入者たちによって一時は中断された。だが乱入が鎮圧されるとまた審議を再開したのだった。

審議は各州ごとに集計の結果が報告され、上下両院の議員たちがそれを認めるか否かだった。

その審議では全米五十州のうち、アリゾナ、ジョージア、ミシガン、ネバダ、ペンシルベニア、ウィスコンシンの合計六州の結果に対し、異議が表明された。ちなみにこの六州は前述のナバロ報告書の不正の指摘と合致していた。

この異議は当然ながら、いずれも共和党議員からの表明だった。それぞれの州でバイデン陣営側に選挙や開票、集計での不正があったという主張に基づいていた。

それらの異議は結局はすべて多数決により退けられた。だがアリゾナ州の場合、下院では百二十一人の議員が賛成票を投じた。反対票は三百三票だった。上院では賛成六、反対九十三だった。

ペンシルベニア州の場合は下院での賛成が百三十八、反対が二百八十二、上院では賛成七、反対九十二となった。

つまりこの選挙の結果には最終場面でもなお百三十八人の連邦議会下院の議員たちがそれを認めないという意思の表明を貫いたのである。こんな現象はふつうは決して起きないのだ。

そしてこうしたアメリカ議会での動きに関して、日本ではまったく報道されることのなかった出来事をさらに紹介しておこう。

バイデン政権に対する共和党の敵意は消えない

連邦議会では投票後、この最終審議よりも前にも公式に選挙結果の適否を討論していたのだ。その討議は以下のようだった。

二〇二〇年十二月十六日、上院の国土安全保障・政府問題委員会は「二〇二〇年大統領選挙の不正を調査する」と題する公聴会を開いた。この委員会で多数を占める共和党側議員たちの主導で開かれた公聴会だった。

その時点では上院は共和党が多数を占めていた。この有力委員会もそのメンバーは共和党が八議員、民主党が六議員だった。委員長も共和党議員だった。

だから共和党側がトランプ大統領に同調して、バイデン陣営の不正を指摘することも、この時点では自然だった。昨年十二月十六日というのは選挙の投票日の十一月三日から四十三日後である。

立法府の議会のメンバーが行政府の長の大統領の選挙にこの段階でかかわる義務はとくにない。あくまでも議員たち自身の意思での関与だった。

この公聴会ではその共和党側の議員たちがみな一致して、「今回の選挙には不正があった」という立場を表明したのだ。

その立場はこの国土安全保障・政府問題委員会の委員長ロン・ジョンソン議員の冒頭の言明に集約されていた。その言明はアメリカ議会の共和党がこんごもバイデン政権に対してどれほどの不信や敵意を抱いていくかを象徴していたともいえる。

そのジョンソン委員長の同公聴会での冒頭の声明の骨子は以下のようだった。

・今回の大統領選挙ではあまりに多くのアメリカ国民が投票から開票、集計までの過程であまりに多くの不正、ゆがみ、疑惑などを感じるにいたった。公式の手続きではバイデン候補がより多くの選挙人を獲得したことになっているが、各地で具体的な不正の実例が指摘され、そのうえに偏向した主要メディアやソーシャルメディアがその不正の疑惑の指摘を抑圧してきた。
・メディアの偏向はとくにハンター・バイデン氏の疑惑に関して顕著だった。選挙の投票前にすでに同氏に関する多数の不正の疑惑の濃い事実が判明したが、主要メディアはすべて無視した。投票が終わったとたんに主要メディアがその疑惑をいっせいに報道するようになった様子には驚嘆した。

・今回の選挙の不正はだいたい三種類に分けられる。第一は選挙に関する法律や管理の執行上の違反、第二は違法な投票や集票、第三は投票機械やソフトウエアの不備、不正である。違反の疑いのあるケースをすべて調査することは不可能だが、無視することはできない。

・この種の不正や不正の疑惑をたとえすべて調査して、投票の集計を修正してみても、バイデン候補の優位を崩すことはできないという見解があることは私もよく知っている。しかし多数のアメリカ国民がなお選挙の結果を明白に不正とか不当と断じており、その原因としての有権者登録や投票用紙の配布の不備、郵便投票の不透明性、開票や集計の不正事例などの報告はあまりに数が多いという事実は連邦議会としても本格調査を進めねばならない。

以上のようなジョンソン委員長の冒頭の声明には委員会全体の過半数を占める共和党側議員たちがみな同調を表明した。要するに、議会としても今回の選挙には不正があり、その調査がなされねばならないという認識が存在した、ということである。

この公聴会では共和、民主両党側からそれぞれ数人ずつの証人が出され、特定の不正や疑惑の指摘について意見を述べた。

当然ながら共和党側証人は不正の存在を指摘して、その解明や是正を求めた。民主党側は不正やその疑惑を否定した。あるいは不正や疑惑にもかかわらず、投票と開票の大勢はバイデン候補の勝利となったのだという基本を強調した。

だがこの公聴会の開催自体から重視すべきことはアメリカの立法府、つまり議会にも大統領選挙への懐疑や批判が広範に存在していたという事実である。そしてこの事実こそがバイデン政権への影となって微妙な形で機能していく見通しが強いのだ。

第四章

民主、共和両党は「団結」と正反対に動く

連邦議会への突入事件

ジョセフ・バイデン新大統領が二〇二一年一月二十日の就任演説で最も熱をこめ、繰り返した言葉は「団結」だった。

英語ではUnityという言葉である。

日本の新聞やテレビの報道では「結束」と訳すところも多かった。

だが本来の英語の言葉の意味や、日本語との関連を考えれば、「団結」という訳がより適切のようである。

アメリカの首都ワシントンで新大統領のバイデン氏がこの「団結」という言葉を繰り返して国民の間の、そして民主、共和両党間の融和を説いたまさにその瞬間、現実にはアメリカの国政ではその「団結」とは正反対への激しい動きが展開されていた。

バイデン大統領が代表する民主党陣営とトランプ前大統領の代表する共和党陣営との正面からの激突だった。

その激突は大統領弾劾という形をとっていた。そしてその主舞台は連邦議会だった。

この弾劾こそがアメリカ国内の分裂や対立を象徴していた。バイデン大統領がいかにその反対の意味の言葉を口にしても、実際の政治の現実はその意味を否定していた。

この容赦のない現実は、こんごのバイデン政権の行方に巨大な影を投げることが避けられない。いや「影」という抽象的な表現よりも実際の衝突と呼ぶほうが正確だろう。

バイデン政権の進路は、そのスタートからすでにその衝突に阻まれかねないという状況なのである。

そんな状況はバイデン政権の宿命と評しても過言ではないだろう。

こうした衝突の最も至近な原因が今回の大統領選挙の不正疑惑にあることは、すでに前章で説明してきた。

しかし大統領弾劾を招いた直接の原因はトランプ支持派の一部による連邦議会への突入事件だった。

二〇二一年一月六日のことだった。

トランプ支持陣営はこの日、連邦議会が上下両院の合同会議で大統領選の結果を最終的に審議して確定するという動きにタイミングを合わせて首都ワシントンの中心部で大集会を開いた。

トランプ大統領自身が顔を出して支持者たちに語りかける集まりだった。

この時点では大統領選挙の投票が終わって二カ月と三日が過ぎていた。公式の潮流はバイデン候補の当選ということで決まっていた。

しかしトランプ大統領は依然、「この選挙はバイデン陣営の不正行為によって盗まれた」と主張していた。

とはいえ公式の手続きはこの一月六日が最後だった。連邦議会の上院と下院の合同会議で各州の選挙人の意思を確認して、勝者の究極の決定を下すわけだった。

公式の選挙集計になお反対するトランプ陣営の、この日の集会は抗議の集まりだった。

主催者側は「アメリカを救え」と名づけた集会だった。

数万人とされる人数が集まって、バイデン陣営の選挙不正を攻撃し、トランプ氏の勝利を叫んで気勢をあげた。

その集会の最後の部分、午後二時すぎにトランプ大統領が登場した。

大統領は一時間ほども演説し、選挙での不正を改めて訴えた。そして最後に「議会へいって、抗議しよう」と述べた。

ただし「あくまで平和的に」と強調した。

支持者たちはちょうど大統領選結果を審議中の議事堂に向けて、おそらく数千人が行進していった。

そのなかの数百人とみられる人たちが一般に対しては閉鎖されていた議事堂内にドアや

窓を破って侵入したのだった。

乱入者たちは二、三時間にわたって議会の一部を占拠したが、やがて排除された。その間、合同会議は中断された。

警備には警官隊と州兵部隊とがあたっていた。当然ながら乱入者たちを排除し、逮捕した。

その際に、乱入側の女性一人を含む四人と警備側の警官一人の合計五人が死亡した。負傷者は百四十人ほど、逮捕者は二百三十人以上とされた。女性の死は警官の狙撃を受けた結果だった。

議会の合同会議は乱入者たちが制圧された後に、また大統領選の最終結果を承認する手続きを再開した。そして翌一月七日の未明にはすべてを終えたのだった。

その結果、ジョセフ・バイデン氏の大統領承認がすべての公式手続きを終えたということとなった。

乱入者たちは「選挙は不正に盗まれた！」とか「ペンス副大統領はバイデン当選の承認を拒め！」などと叫んでいた。ペンス副大統領はこの合同会議の議長役だったのだ。

だが抗議側の要求はむなしく終わった。

以上がこの議事堂乱入事件の大筋である。

この事件はもちろん不法な犯罪行為だった。すべてを平和裏に民主主義の原則に従って大統領選挙の結果を公式決定しようとするプロセスを、暴力で変えようと試みたのである。そんな違法行為を働いたトランプ支持の一部の男女の行動は厳しく非難された。また当然、非難されねばならない。

その種の非難の言葉は、トランプ大統領自身からも発せられた。大統領は議事堂内で乱入者たち、つまり暴徒たちがまだ破壊や抗議の行為を続けているうちにも、「暴力を止めよ」「すぐに撤退せよ」と言明したのだった。

共和党の有力者たちも、この議会乱入を民主主義の原則を踏みにじる不法な犯罪として非難した。

トランプ政権で国連大使を務めた女性政治家のニッキー・ヘイリー氏は穏健なマナーで知られるが、この事件に対しては「民主主義自体に逆行する野蛮な行為であり、トランプ氏への支持、不支持を問わず、断固として糾弾すべきだ」と怒りの言葉を述べていた。

共和党支持者はメディアと民主党への敵対を強くする

ところが民主党や主要メディアの反応は重要な部分で異なっていた。

一部の過激派による議会乱入を国家転覆の行動のようにとらえ、しかもその責任はトランプ大統領自身にあると断じる糾弾だったのだ。

その糾弾は当初から以下のようだった。

「トランプ大統領はその支持者たちに暴力の行使を指示し、議会の妨害をあおった」

「この動きは内乱であり、テロリズムだ」

「トランプ大統領を犯罪人として懲罰し、即時辞任を求めよ」

「連邦議会に乱入したトランプ支持者たちは民主主義を破壊し、国家転覆を図った」

「トランプ大統領はアメリカという国家、国民、憲法にとっての切迫した脅威だ」

アメリカの主要メディアにはこんな論調があふれた。

具体的に改めてどんなメディアかといえば、ワシントン・ポスト、ニューヨーク・タイムズ、CNN、CBSテレビなどである。

この種のトランプ氏を直撃する責任追及は、メディア自体の意見としてぶつける場合と、民主党側の政治家、つまりもともとのトランプ氏の政敵、天敵の声を紹介する場合と、両方だった。

何度も強調しておくが、議会への乱入や議事の妨害はまちがいなく違法な暴力行為だった。犯罪として糾弾されるべきことはいうまでもない。

だがその実態が「内乱」なのか。「テロ」だったのか。あまりにも疑問が多い。ましてその責任がトランプ大統領にあると決めつけ、即時に辞任を求めることにも無理がある。

暴力がトランプ支持者のすべての意思だったかのように決めつける民主党の態度には、多くの欠陥がある。

その民主党の糾弾を誇大に拡散する民主党支持メディアの発信には、さらに多くの問題があった。

この主要メディアの偏向はアメリカ国内の分裂とか分断とされる現象に密接に関連している。

メディアの一方的、独断的な態度が一般国民の意見の相違を一段と激しくしているからだ。その、国民の間での分裂の険悪化は、バイデン政権をまともに揺さぶる不安定要因となる。

私は一月六日の議会乱入事件の状況をリアルタイムでCNNテレビの報道の視聴で追ってみて、改めてメディアが社会の分裂を深めるという政治効果を痛感したのだった。CNNのニュース番組では看板キャスターとされるクリス・クオモ、ドン・レモン両記者が登場していた。

そのレポートはまさに実況中継に近く、まだ議会乱入事件は進行中だった。事件の背景や原因もまだ不明という段階だった。

ところがこの報道はすでに結論ありき、悪いのはすべてトランプ大統領なのである。まさにトランプ叩き一色だった。

「トランプ大統領が内乱を扇動しました。国内的なテロリズムです。これら暴徒はみなトランプの命令に従ったのです」

「民主主義を否定し、破壊し、議会をぶち壊しにするトランプ陣営の犯罪行動です」

クオモ、レモン両記者は興奮しきった様子で声を荒げて、こんなことを述べるのだ。

この時点では女性一人の死亡と議会合同会議の中断が判明した程度だった。

だがクオモ、レモン記者はこの騒ぎを「内乱」と断じ、「トランプ大統領の命令」だと決めつけていた。

しかし議会に乱入した数百人はいずれも非武装だった。せいぜいそのへんにあった消火器や金属棒を使って、議事堂のドアや窓を壊した程度だった。しかもすぐに鎮圧された。「内乱」とか「テロ」と呼ぶのはいかにも誇張として響いた。

レモン記者はこんなことも述べた。

「今日はアメリカにとって汚辱（インファミー）の日です」

インファミー（Infamy）とはいまから八十年前、日本軍がパールハーバーを攻撃したとき、当時のルーズベルト大統領が議会演説で日本を非難して、宣戦を布告した際に使った怒りの言葉だった。

日本軍の奇襲を「だまし打ち」と糾弾して、恥を知れ、という侮蔑の意味をこめての言葉だった。

レモン記者はそんな歴史的な大事件と今回の議会乱入を同等に扱い、トランプ大統領を責めるのだった。

ちなみにレモン記者は黒人の有能なテレビ・ジャーナリストとされ、トランプ政権の登場時から一貫して、大統領への手厳しい批判を表明してきた。

一度は「ドナルド・トランプは人種差別主義者（レーシスト）だ」と、自分の報道番組で宣言したこともある。

さらにレモン記者はこの事件の一週間ほど後の一月十三日と十四の両日、ＣＮＮのニュース評論の番組で驚くべき発言をした。

「トランプに投票した人間はナチスの支援者や、ＫＫＫ（クー・クルックス・クラン＝アメリカの白人至上、黒人排斥の秘密結社）の会員と同じです。トランプ支援者は麻薬中毒者のようなものです」

かりにもアメリカ有権者のうち七千四百万人以上がトランプ大統領に投票したのである。その人たちを公共のテレビでナチス呼ばわりする。さすがに共和党系勢力からは激しい非難が起きたが、民主党支持の主要メディアは黙視だった。

アメリカの主要メディアのこれほどの偏向は、バイデン政権の行方を占ううえでも認識しておく必要がある。

この種のメディアは、だから民主党のバイデン政権に対しては極端に甘くなる。バイデン大統領のスキャンダル隠しなど日常茶飯事となる。

だがその一方、トランプ支持層、保守層、共和党一般には、こんごも露骨な攻撃を続けることはまちがいない。

その結果、共和党支持層が主要メディアに激しく反発し、メディアと一体となった民主党やバイデン政権への敵対を果てしなく鋭く険しくしていく。

政治面での相互の憎悪や敵視のスパイラルが続くのだ。

民主党支持メディアのこの役割は十二分に認知しておく必要がある。

さて一月六日のCNN実況報告に話をもどそう。

クオモ記者は六日の事件進行中のその時点でトランプ大統領の解任を早くも主張したのだった。

議会乱入、つまり内乱、テロ、そして民主主義の破壊は大統領が原因であり、その責任を取れ、というのだった。

「トランプ大統領は弾劾によって解任されるべきです。憲法修正二十五条によっての解任も試みられるでしょう」

クオモ記者もトランプ大統領の他の演説の直後に、テレビでのその報道で「ウソ、ウソ、ウソ、とにかくウソなのです」と断じてきた記録を持つ過激な反トランプ記者である。

彼の述べた憲法修正二十五条については、のちほど説明しよう。

ちなみにクオモ記者はニューヨーク州の民主党アンドリュー・クオモ知事の弟でもある。

とにかくクオモ、レモン両記者のトランプ大統領への言及には、露骨な憎悪や軽蔑が満ち満ちていた。

内乱でもなくトランプ大統領の責任でもない

さて以上のように私が視聴したＣＮＮの放映はわずか二時間ほどの枠内だった。

そんな短時間での「報道」でさえ、いかに偏向が目立ったか。

その偏向の構造を説明しておこう。

この点の解説は一月六日の出来事が発展して起きた、その後のトランプ大統領への弾劾の動きを客観的につかむためにも有益だと思う。

第一にまずトランプ支持者の議会への乱入を「内乱」と断ずることの無理である。

本当の内乱とは一国の政府を国内の他の勢力が武力で倒すことを目指し、戦いを挑む行動である。

数百人の非武装の男女が議会に乱入しただけの行為はどうみても内乱でも革命でもない。無差別な殺戮と定義づけられるテロでもない。

ましてアメリカの連邦議会という施設はそもそもホワイトハウスなどと異なり、本来、国民が自由に出入りできる公開の場所である。

現在のコロナウイルスの大感染や合同会議での大統領選結果の最終承認という特殊な事

情のために、この時期こそ閉鎖されていた。

しかしふだんは国民が自由に立ち寄り、本会議場でも議員事務所でも足を踏み入れ、議員たちに直接のアピールをする場所なのである。

私自身も連邦議会にはそれこそ何百回となく入ったことがある。

だからアメリカ国民が国政での問題で議会に出かけて物を申すというのは、国家を倒すという「内乱」とは、根本から異なる発想である。

ただし繰り返すが、暴力は否定されねばならない。

第二には乱入事件をトランプ大統領の責任と断ずることの無理である。

大統領は確かに集会の参加者たちに「議会に向かえ」と告げた。

だがトランプ氏は支持者たちの議会での言動については「平和的に」という条件をまちがいなくつけていた。

すでに述べたように、トランプ氏はその後もすぐに実際に起きた暴力行為を非難した。

さらに何度も何度も全国民や議会に告げる形で暴力の否定や排除を訴えた。具体的にこの議会への乱入という行動を、ピンポイントで糾弾していた。

であるのにCNNの記者側は、大統領の「平和的に」という当初の言葉など完全に無視していた。

そしてトランプ氏が今回の大統領選挙で民主党側に大規模な不正があったと主張することさえも、「民主主義の破壊」として議会乱入という暴力行為とひとまとめにしていたのだ。トランプ大統領が「内乱」「テロ」「民主主義破壊」を扇動し、命令した、という非難にはどうしても無理があるといわざるをえない。

第三には報道機関としての中立性、客観性のあまりに極端な欠落である。

トランプ大統領はCNN報道に象徴される民主党側の弾劾などの動きに対して「歴史上でも稀な魔女狩りだ」と反論した。

民主党側がトランプ大統領の就任前から虚構の「ロシア疑惑」などを理由に、すでに弾劾を口にしていたのと同じパターンの、「トランプ支持者たちの悪魔化」だと大統領は主張する。

共和党の上下両院議員たちも大多数がこのトランプ大統領の主張に同調する。

拡大すれば、今回の選挙でトランプ氏に票を投じた約七千五百万人のアメリカ国民も、この共和党側の主張にはまず同意するだろう。

そもそもこの争いも共和党と民主党、トランプ陣営とバイデン陣営の正面からの衝突なのである。

ところがこのCNNの記者たちの「報道」は、まったく一方の主張だけの宣伝だった。

ジャーナリズムの基本である両論併記の姿勢はツユほどもない。
「対立する案件では双方の主張を紹介する」という客観性は皆無なのだった。

「悪魔化」という不当なレッテル貼り

前述のトランプ氏の反論のなかで「悪魔化」という言葉を紹介した。実はこの用語はトランプ陣営や共和党側ではかなり広範に使われてきた。

自分たちが不当な悪のレッテルを貼られているという意識から、使われるようになった言葉である。

たとえばトランプ陣営に同情的な保守系の政治評論家グレグ・ジャレット氏は、この民主党と主要メディアのトランプ陣営への議会乱入事件を新たな契機とした総攻撃を、「悪魔化」(demonization)と呼んだ。

自らの敵を実態とは異なる邪悪なイメージの言葉で形容して、まるで悪魔(demon)であるかのような虚像を作る攻撃手法が、「悪魔化」である。

ジャレット氏が民主党びいきではない数少ない主要メディアのFOXテレビで、一月九日に発表した論評は次のようだった。

「民主党指導部とその支持メディアのいまの目的はトランプ大統領をその任期の最後の二週間のうちに悪魔化することなのだ。いまその反トランプ陣営が求める大統領の即時解任を目的とする憲法修正二十五条の発動や弾劾は要件を満たさず、実現しないことは明確だ。

この修正二十五条や弾劾という方法での攻撃は、四年前にトランプ氏が大統領に就任したときにも、まさに民主党側が叫んだ邪悪なレッテル貼りの悪魔化から発していた」

憲法修正二十五条による現職大統領の解任とは、大統領が突然の病気やテロにあい、肉体的に執務執行の能力がなくなったとみなされる場合に、臨時の措置として職務を停止し、権限を副大統領に譲るという趣旨である。

その能力喪失には精神的な原因も含まれうる。

大統領に対する弾劾とは、周知のようにその大統領が在任中に犯罪を働いたとみなされた場合に議会が訴追の措置をとって、解任する手段である。

その訴追の成立には下院の過半数、上院の三分の二の議員の賛成票を必要とする。

このいずれも民主党側はトランプ大統領の就任時から唱え、トランプ攻撃の有力な手段としてきた。二〇一九年末には「ウクライナ疑惑」を理由に弾劾の措置をとったが、失敗した。

これら主要メディアは、事実をそのまま報じる「報道」とされる領域でも、きわめて狡知な偏向姿勢をとる。

その偏向についてはすでに構造的に説明したが、さらに具体例を指摘しておこう。議会乱入事件に関してである。

今回の議会乱入では抗議側の女性一人が警官の射撃で殺された。警官が非武装の民間人を射殺したとなれば、警察側のその責任を追及するのがメディアの自然な反応だろう。

少なくとも殺害の状況を詳しく解明しようとするだろう。

その犠牲者がもしバイデン陣営の支持者で、しかも黒人だったとすれば、ニューヨーク・タイムズなどは、全土が揺らいだような糾弾の大報道を展開するだろう。

しかし殺されたのがトランプ支持者であれば、まったくの冷淡、無関心という態度なのだ。ちなみに警官の銃撃で死んだ女性は白人、元軍人の保守派だった。

さらに議会乱入が起きたときは、警備には単に警官隊だけでなく、武装した州兵が議事堂内部に配備されていた。

州兵も軍隊である。だが一般民間人の抗議活動に対して軍隊を出動させて対応することには、主要メディアはなんの批判も示さなかった。

しかし二〇二〇年五月の白人警官による黒人容疑者の殺害への抗議デモが首都ワシント

ンにも広がり、トランプ大統領が警備のための軍隊動員を一言、口にしただけで、主要メディアは総攻撃を加えた。

「軍隊に民衆を弾圧させるなど、とんでもない」という論調だった。

だが今回、ワシントン市の民主党の女性市長の要請で軍隊が議事堂の警備に動員されても、主要メディアはなんの批判もしないのである。

だから今回の議事堂への乱入者たちのなかに、反トランプ派の過激派組織「内乱ＵＳＡ」の幹部のジョン・サリバンという若い黒人男性が加わり、破壊行為をあおってその様子を録画にとっていたことなどは、民主党支持の大手メディアでは一切、報じられない。

この事例はＦＯＸが報道した。サリバンという人物は実際に破壊活動容疑ですでにＦＢＩに逮捕され、「トランプ派の暴力を外部に知らせるため」に、その破壊を扇動したと自供したという。

一方、ＣＮＮなどの偏向報道はさらに巧妙な手段をとることも多い。

たとえば一月八日前後の日本の主要新聞すべてに載った、「トランプ氏の解任論が政権内でも浮上」という趣旨の見出しの記事である。

この記事はワシントン発で「トランプ大統領を修正二十五条の適用で即時免職にするという案をトランプ政権の閣僚や高官たちが協議し始めた」という内容だった。

修正二十五条の発動にはペンス副大統領の発議と閣僚半数以上の同意が必要だが、そのハードルももう消えたというのだ。

この発信源はまたまたCNNだった。

「CNNがホワイトハウス内部の関係者複数から得た情報では」という記述が土台だった。だがこの報道は誤報であることがすぐに判明した。

トランプ政権ではペンス副大統領はじめ主要閣僚も、共和党の議員たちまで修正二十五条の発動には明確に反対であることが、このすぐ後の議会下院での決議案への反対表明で証されたのだ。

「トランプ政権内部の複数の関係者たち」という表現に依存するこの種の偏向報道や誤報、つまりフェイクニュースはこれまでの四年間に数えきれないほど頻繁だった。

トランプ叩き報道の常套手段なのである。

アメリカ大手メディアのまちがった扇動

こうした事態の流れのなかで二〇二一年一月十一日、トランプ大統領に対する弾劾訴追案が連邦議会の下院に提出された。

もちろん民主党による提出だった。

弾劾の最大の罪状は「内乱の扇動」だった。トランプ大統領が一月六日の演説で支持者をあおり、議事堂には乱入させたから解任を求める、としていた。

訴追案はトランプ氏がアメリカ国家への危険だとか脅威だとか、CNNのクオモ記者たちが一週間前に発していた糾弾の表現が驚くほど多く、そのままに使われていた。

この下院での弾劾案採択は、討議はほとんどゼロ、弾劾案に記されたトランプ氏の「罪状」に対しても議論も検証もない民主党の主張のまま、スピードだけが優先された。

その動きを主要メディアはもろ手をあげて歓迎というふうだった。

大統領を解任すべきか否かという重大な案件を議会が扱うという状況としては、民主党主体の議事の推進は異様なほどの速度だった。

なにしろ提案から表決まで二日たらずだったのだ。一月十一日に下院に提出されたトランプ大統領弾劾訴追案は同十三日には可決されてしまったのである。

重要な法案や決議案の審議では必ず前提となる公聴会や証人喚問もなかった。

今回の弾劾案の審議では致命的な重要性を帯びる一月六日の議会乱入の事実関係の検証もなかった。

民主、共和両党の議員が登場しての細かな討論もなかった。とにかく異例のスピードだったのである。

もともと民主党が多数を占める下院では表決は賛成二百三十二、反対百九十七だった。弾劾訴追案は下院では過半数が賛同すれば、採択されて、上院に送られる。下院本会議の投票では共和党議員のうち十人が賛成に回った。共和党議員合計二百十一人からみれば五パーセント以下の少数の造反だった。

だがこの段階までで、前述のようにトランプ政権自体は修正二十五条の適用による大統領解任という案にはまったく反対であることが明示された。

CNN発で日本の主要新聞がすべて報じた「トランプ政権内部で憲法修正二十五条の適用によりトランプ大統領を辞任させる」という報道はまったくの虚報だったことが改めて立証されたのである。

しかし下院だけでもトランプ大統領訴追案が可決されたことは大ニュースだった。民主党支持の主要メディアはいかにも弾劾成立の可能性があるかのような基調での大報道を展開した。

その基調は日本の主要メディアにも伝播した。日本の新聞やテレビは「いよいよトランプ大統領解任か」という論調や解説で満ちるという状態となった。

弾劾決議案は上院で全出席議員の三分の二が賛成しなければ、成立しないことは日本でも広く知られていた。

だが、「この上院での審議の行方はまだわからない、だから弾劾成立の見通しもあるのだ」というのが、日本の主要メディアの報道や評論の基調だった。

前述のようにアメリカの民主党支援の大手メディア、つまりニューヨーク・タイムズ、ワシントン・ポスト、CNNテレビなどは、いかにもこの弾劾案が成立し、トランプ大統領が解任されそうな見通しをしきりに強調していた。

日本の主要メディアもその見通しに追随していた。

だがアメリカの政治の現実、とくに連邦議会での現状を少しでも理解していれば、こんな大統領弾劾案は成立しないという見通しは、当初からあまりに明白だったのである。

そもそもすでに述べてきたように弾劾案の内容自体に無理があった。

トランプ大統領が一部支持者の議会乱入を本当に扇動したのか。同大統領の演説の言葉が本当に「内乱の扇動」に相当するのか。

しかもトランプ氏はすでに大統領選挙で敗れ、一月二十日には大統領ではなくなることが確実なのだ。

今回の弾劾案は上院で審議される時期は当然、一月二十日以降となる。そうなれば大統領ではない人物を大統領弾劾の対象にするという奇妙な事態が起きるのである。

こうした諸点について、共和党側からはもちろん中立に近い専門家たちからも批判や疑問が提起されていた。今回の民主党側の「弾劾の論理」や「弾劾の理屈」は理に合わないという指摘でもあった。

だがアメリカの大手メディアはそんな弾劾反対論はまったく取りあげない。共和党が反対していることはわかっていても、その主張を報じないのである。

そのアメリカの民主党支持のメディアに情報を依存する日本のメディアには、その種の反対論が紹介されることはまずなかった。

トランプ大統領弾劾訴追案への反対論文

だがアメリカ側では反対論はまちがいなく存在した。

民主党支持ではない数少ない大手紙のウォールストリート・ジャーナルの一月十一日付に「トランプ氏には扇動の罪はない」という見出しの長文の寄稿論文が掲載された。

筆者は弁護士のジェフリー・スコット・シャピロ氏、二〇一〇年代に首都ワシントンの連邦検事を務め、首都でのデモや集会での違法行動をも取り締まった経験を持つ法律家だった。だから議事堂乱入の法的側面についても専門知識を有する人物だといえた。

シャピロ氏の主張は以下のような骨子だった。

・私は検事として首都での街頭集会や抗議活動での違法行動を取り締まり、議会での抗議や公園などでの集会を含めて、違法行為があれば、その責任者を刑事訴追してきた。その経験からしても、また今回の騒動の事実関係からみても、トランプ大統領は弾劾決議にあるような「内乱の扇動」はしていない。

・トランプ大統領に本来、敵対的なジャーナリストや議員たちは、同大統領が一月六日の首都での集会で「われわれはもっと強く闘争すべきだ」とか「勇敢な上下両院の議員たちを激励しよう」「弱さをみせれば、この国を取り戻すことはできない」などと述べたことを「内乱扇動」とか「暴力鼓舞」と断じている。だがその断定には法的な根拠がない。

・トランプ大統領はその演説では「すぐにみなさんは議事堂に向かって平和的に、かつ愛国的に行進し、自分たちの声を（議員たちに）聞かせるだろう」と述べたに過ぎない。「平和的に」という言葉に意味がある。演説の場は暴力のない集会で、その後に起きるような暴力や破壊をこの集会と一体にすることはできない。

・首都の法律では「内乱」や「暴動」は実際の暴力や破壊、そして他者に対する脅威を起こす行動を指すが、トランプ大統領が出席していた集会にはその要素はなにもなく、その「内乱」に相当する行動はその集会の終了後、集会に出ていた人間のごく一部によって引き起こされたのだ。だから大統領の責任とすることには無理がある。

・大統領の反対勢力は、「大統領がすでに怒ったアメリカ国民の感情を煽った」と非難するが、そのことだけでは刑法違反の要件を満たさない。刑法違反ではない言論は憲法が保証する言論の自由によって保護される。連邦議会の議員たちは、その憲法の順守を誓約して議員となったはずだ。

以上のような法律家の観点からの弾劾反対論だった。説得力のある意見だった。

そのほかの法律の専門家からの今回の弾劾への明確な批判も表明されていた。

なかには著名な法学者が二人いた。

二人とも民主党支持ではないメディアに自分の見解を発表していた。

前述のウォールストリート・ジャーナルやFOXテレビなどである。

彼らの見解は以下の趣旨だった。

「大統領の言葉は憲法修正第一条の言論の自由の権利で保護されている。民主党の弾劾はその『言葉』だけを標的にしているから憲法違反の疑いが浮かぶ。暴力はあくまで排すべきだが、大統領の言論の自由の権利行使を懲罰する民主党の動きも危険だといえる。下院での審議は討論も証拠提示もなく、欠陥だらけだった。この種の大統領攻撃はこんごのアメリカ政治に危険な前例を残すだろう」（ハーバード大学名誉教授の憲法学者アラン・ダーショウイッツ氏）

「大統領をその退任後に在任中の言動を処罰の対象にして弾劾することは、憲法違反になるという法解釈もあり、確実な規則はない。今回の民主党の動きはそのあたりの考慮もなく、衝動に駆られたような動きだ。大統領の退任後の政治活動を禁じることも目的としており、倫理や道義、さらには国益を考えてというよりも、党派闘争での政治的動機があらわのようにみえる」（ジョージワシントン大学教授の法学者ジョナサン・ターリー氏）

ダーショウイッツ、ターリー両教授とも政治的には保守派とされるが、憲法や法律一般に関しての知識ではともに高く評価される専門家である。

そのような人物たちの民主党批判の見解には重みがあった。

だが民主党支持の主要メディアはもちろんその種の見解は報じなかった。その結果、日本にも伝えられないということになる。

民主、共和両党のなまぐさい政争

では弾劾の動きを政治的にみると、どうなのか。この面でも共和党側の主張にも注意を向けるべきだろう。

下院での弾劾案に反対する共和党側の代表といえるジム・ジョーダン議員が解説していた。民主党側の動きの政治的な側面や特徴の説明だった。

ジョーダン議員は下院の司法委員会の共和党側筆頭メンバーである。

同議員は自分の見解をワシントンの政治雑誌『ワシントン・エグザミナー』に述べていた。その記事は一月十四日に刊行された。

「下院がトランプ氏の二度目の弾劾へと進むが、訴追の成立や解任はないだろう」という見出しの記事だった。

ジョーダン議員の見解の骨子は以下のようだった。

・下院の民主党勢力はトランプ大統領をその就任時からとにかく選挙ではない方法で除去しようと努め、その手段として弾劾を使ってきた。過去四年間、一貫してその試みを続けて、二〇一九年十二月には「ウクライナ疑惑」を利用して、下院での弾劾案の可決に成功したが、上院で排除された。

・民主党の狙いはとにかくトランプ大統領に打撃を与え、辞任に追い込むことなのだ。そしてトランプ大統領の達成してきた過去四年間の業績を抹殺することを目指してきた。その業績とは減税、経済改善、雇用拡大、国境の安全保障、外交政策の前進などだ。民主党側は同大統領の賛同者、支持者のすべてをキャンセル、つまり否定し、存在しないことにしたいのだ。

・民主党側でもナンシー・ペロシ下院議長は二〇一八年に公開の場で「トランプ大統領の統治を止めるために、なぜ全米各地でもっと内乱が起きないのか」と述べた。この種の発言こそ暴力や内乱の扇動ではないか。だが民主党支持の大手メディアは決して民主党側に批判の矛先を向けることはない。不公正な二重基準なのだ。

以上のような共和党議員の主張を知ると、いまの弾劾推進の動きも正義や道義の追及ではなく、民主、共和の両政党のなまぐさい政争にみえてくる。

弾劾推進の先頭に立つ下院の民主党議長のナンシー・ペロシ議員もCBSテレビのインタビューで「弾劾によりトランプ氏が次回の大統領選挙に出馬できないようにすることが

目的のひとつだ」と明言していた。

だからいまの弾劾運動こそが正面衝突の政治の対決だともいえよう。改めてのアメリカの国政の分裂でもあろう。

弾劾の動きの背後にある、そうした党派政治の闘いについて、ＦＯＸテレビの政治キャスターのタッカー・カールソン記者が次のように論評していた。

同記者は著名なジャーナリストのなかでは珍しくトランプ大統領支持を明確にすることの多い人物である。

「この弾劾によって共和党側は民主党への激しい反発からかえって団結を強めることが予想される。逆にバイデン新政権にとっては、弾劾はバイデン氏自身が唱えてきた『協調』とか『融和』のジェスチャーを阻むことになる。しかし民主党にとっては、トランプ氏弾劾は党内の過激派の動きをも抑えて、当面の団結保持には有効な戦略になるともいえる」

この分析から想像できるのは共和、民主両党のさらに激しい対決のエスカレーションだといえる。

そんな光景がいまアメリカ国民の団結を繰り返し強調するバイデン新大統領の目前に広がっている、ということなのだ。

この点こそがトランプ大統領弾劾の試みのバイデン政権にとっての最大の意味だともい

えよう。

国内の政治的な分裂という難儀な現実

さて下院で一月十三日に可決された弾劾訴追案は一月二十五日に上院に送付された。規定どおり、予定どおりの展開だった。

だがこの二週間近くの期間中に超重大な出来事が起きていた。バイデン大統領が正式に登場したのである。つまりトランプ大統領はもう大統領ではなくなったのだ。

民主党側がたとえトランプ大統領の在任中の上院での弾劾案審議を欲したとしても上院のすでに決まった議事日程がそれを許さなかった。

そもそも下院が弾劾案を可決した一月十三日というのはトランプ大統領の任期が切れるわずか一週間前だったのだ。

大統領弾劾というのは本来、在職中の大統領が犯したとされる罪への懲罰措置である。だから大統領でない人物の大統領職の解任というのは、理屈に合わない。

この点に対しては共和党側では「すでに着陸した飛行機をもう一度、着陸させようとするのに等しい」という皮肉な論評も出ていた。

実はこの矛盾点についてはアメリカの最高裁判所も矛盾を事実上、認めていた。

大統領弾劾では本来なら上院での議事は最高裁判所の裁判長が主宰することになっていた。

ところが今回は、ジョン・ロバーツ裁判長は「弾劾はあくまで現職の大統領への審判だからこの退任した大統領への審判は自分の職務ではない」と言明して、身を引いていたのだ。

そして注目の弾劾案は上院に送られた翌日一月二十六日に不成立となることが確定となってしまった。

英語に「dead on arrival」という表現がある。文字通りに解釈すれば、「着いた時には死んでいた」という意味である。

実際にはたとえば事故などで重傷を負った人が救急車で病院へ運ばれたものの、病院に着いた時にはすでに死亡していた状態を指すわけだ。

ドナルド・トランプ前大統領に対する弾劾の訴追案も、上院に届いたその日にすでに「死んだ」という状態が確実となった。

だから、「dead on arrival」と評されるようになったのだ。

トランプ弾劾案に一月二十六日に事実上の死亡宣言を与えたのは、同日の上院での表決だった。

下院が可決して上院に回してきた弾劾案に対して上院共和党のランド・ポール議員が、「この弾劾案が憲法違反だから審議を止める」という趣旨の議事手続きに関する決議案を提出した。

そしてその決議案が上院全体百議員のうち四十五人の賛成票を得たからだった。

この弾劾案審議の拒否を求めた決議案自体は否決されたわけだが、賛成議員四十五人という数が、致命的な重みを発揮したのである。

ポール提案は「すでに辞任した大統領がもう一民間人なのにその一国民に対して大統領弾劾の訴追を起こすことは憲法違反だ」という趣旨だった。

大統領弾劾という議会での措置は、あくまで在任中の現職大統領を対象とするという主張に基づいていた。

ちなみにポール上院議員はこの違憲決議案のなかで「トランプ大統領は一月六日の支持者たちへの演説で議会への抗議は平和的に、と強調していた」とも強調していた。

この違憲の決議案の上院本会議での表決は賛成が四十五議員、反対が五十五議員という結果だった。

つまり共和党上院議員五十人のうち四十五人が弾劾決議案の審議の前に、この決議案はそもそも憲法違反だという見解を明示したのである。

そのなかには共和党上院の院内総務ミッチ・マコーネル議員も含まれていた。

弾劾決議案自体は前述のように上院議員全員、厳密には出席議員全員の三分の二の賛成がなければ成立しない。その数は六十七人となる。

いまの新議会の上院は民主党五十、共和党五十という議席数である。だから民主党がトランプ前大統領の弾劾を成立させるには共和党側議員十七人の賛同が不可欠となる。

現実には共和党議員の中にトランプ氏に批判的な人はいても、十七人もが自分たちの支えてきた指導者を引きずり下ろすという政敵側の仕掛けに応じるとは、まず考えられない。

だからこのトランプ弾劾案は提案された時点ですでに不成立が確実だったのである。上院での否決は絶対確実といえるほどの、当然の見通しだったのだ。

だが民主党や主要メディアは、いかにも成立がありうるような可能性を誇大に伝えてきたのである。

そんな虚構の見通しは上院本会議では審議の冒頭であっけなく崩されてしまったのだ。

共和党側でトランプ弾劾案に絶対反対という立場を表明した議員は四十五人に達したからだ。

成立に欠かせない共和党側からの十七議員の造反は絶対に起きないことが、審議の初日で明確にされたのだった。造反は最大でも五議員にすぎないという展望だった。

それでもなお弾劾訴追案の上院での審議は進められた。

民主党側議員の代表がトランプ氏の「罪状」を読みあげた。それに対してトランプ氏側の弁護団が無実だとする反論を述べた。上院はこの手続きに二週間以上をかけた。

下院よりもずっと長い日数を費やしたわけだ。それでもなお、これまでの大統領弾劾訴追の先例にくらべると、はるかに短い審議時間だった。

上院での弾劾訴追案の最終表決は二月十三日だった。賛成が五十七票、反対が四十三票だった。トランプ弾劾案は退けられたのだった。採択に必要な六十七票にはまったく及ばなかった。

まさに予測どおりの結果だった。民主党は失敗したのである。

メディアの報道は日米ともに「トランプ大統領は史上、初めて二度も弾劾訴追された」という大見出しだった。

だが実際にはこの弾劾の試みは二度とも失敗だったのだ。となると実際の出来事を客観的に総括するには、「民主党は史上、初めて二度も大統領弾劾に失敗した」という総括がより正確だともいえよう。

バイデン大統領はこの弾劾騒ぎに対しては消極的賛成という感じの態度を保った。トランプ前大統領の議会乱入事件への責任は非難していた。だがそれ以上に踏み込む姿勢はほとんどみせなかった。

自分にとっての政敵、大統領選挙での敵だったトランプ氏への攻撃であっても、もはや立法府の議会の手にゆだねられた案件である。行政府の長の現職大統領が介入する余地もないということだったのだろう。

だがバイデン大統領にとっては新政策の推進のために、就任後すぐにでも議会との協力を始めるという、統治の開始の必要性は大きかったはずである。

ところが議会は前大統領の弾劾手続きに忙殺された。上院でのそのための審議が終わったのは二月十三日だから、バイデン大統領にとっては冒頭の三週間以上は議会に踏み込むことができなかったわけだ。

しかも弾劾案の審議自体が民主、共和両党の激しい闘いだった。バイデン大統領が説く団結とは正反対の展開だった。

新大統領はその出発時にまた改めて国内の政治的な分裂や対決という難儀な現実を突きつけられた、ということだろう。

第五章

「ハンター・バイデン事件」がもたらす機能不全

アメリカの国政を揺るがす可能性大

ジョセフ・バイデン新大統領にはもうひとつ、深刻な悩みがある。弱点と呼んでもよい。

息子のハンター・バイデン氏が犯罪ともみなされかねない不正事件にかかわった疑惑である。

いや正確には事件と呼ぶべきだろう。

アメリカの司法当局が刑事事件としての捜査をすでに開始したからだ。

しかもこの事件には父親のバイデン氏自身も不適切な形で関与していたことを示すような情報も明らかになっているのだ。

司法当局だけでなく共和党側もこのハンター事件を大統領の事件として追及する構えをすでに明確にした。

バイデン政権にとっての今後の政治的な影響が避けられない公算が強いのである。

当然ではあるが、人間だれしも家族のトラブルや悩みには細かい神経を払うことになる。子供の問題は親にとっては年齢にかかわらず、わがことのように心にひびいてくる。

アメリカ合衆国大統領にとっても同様だろう。

このハンター・バイデン事件は二〇二〇年十一月三日の大統領選挙投票日の前にきわめて確実な不正の証拠が浮上していた。

しかし民主党側も主要メディアの大多数もあえて、無視、あるいは軽視という対応をみせた。

メディアのなかにはハンター事件の情報を報道したり、伝達することに逆に非難を浴びせるという媒体もあった。

実に複雑な政治の党派性やメディアの偏向という諸要素がからんだ事件なのである。

しかし事件の疑惑の大枠はアメリカ政府の高官の地位利用やその結果としての巨額な外国からの不正資金の流れ、だといえる。

バイデン政権の今後という視点からもこの事件は詳述が必要だろう。

まず疑惑の核心の具体部分を簡単に述べよう。

バイデン氏の次男の弁護士ハンター氏が父親の副大統領在任中に、その影響力を利用して、中国とウクライナのそれぞれ汚職などの疑惑が伝えられた人物や企業と密接な絆を結び、巨額の報酬を得ていた――。

これが骨子である。

アメリカの司法当局が刑事事件としての捜査をすでに開始していたことは選挙後に明らかにされた。

政治的にも共和党側は新しい議会でこのハンター・バイデン事件を追及する構えを強くするにいたった。

この事件が二〇二一年の新議会を舞台としてアメリカの国政を揺るがす展望が強くなったのである

この不正行為には副大統領だったバイデン氏もかかわり、「利益相反」や「偽証」の容疑が濃いとも指摘されるようになった。

バイデン氏は自分には直接のかかわりはないという姿勢をとってきた。いくら公人でも家族の行動には責任はないということだろう。

ところがその後の展開でつぎつぎに明らかになった新情報は明白にバイデン氏自身の責任をも際立たせてきたといえる。

トランプ氏は大統領としての在任中の最終時期の二〇二〇年十月、バイデン父子のこの疑惑には犯罪の可能性があるとして、特別検察官を任命して捜査することをウィリアム・バー司法長官に指示した。

トランプ政権の期間中にもし特別検察官の任命が実現していれば、新大統領も勝手に解任はできないため、新政権を長期間、揺さぶるという展望も生まれていた。

特別検察官はトランプ政権時代にも民主党主導でトランプ大統領の「ロシア疑惑」に対して任命され、その捜査が二十二カ月間も続けられた。

その結果は疑惑に根拠はないという総括だったが、長い期間、トランプ政権だけでなく、国政全体が揺さぶられる結果となった。

議会でも共和党議員たちの間ではこの事件の捜査のために特別検察官を任命すべきだとする声が急速に高まっていた。

トランプ大統領の動きへの強力な支援だった。議会でのその動きはトランプ氏の退任の後もなお衰えてはいない。

なにしろ問題は政治的にも大きな影響を広げる刑事事件の捜査だから、特別検察官の任命も含めてなお公表されていない部分が大きい。

司法長官もトランプ政権からバイデン政権に替われば、当然、バー氏とは別の人物が任命される。その新司法長官がこの事件にどんな姿勢でのぞむかは、まだ不明である。

だが事件の存在、疑惑の存在はすでにアメリカ国民が広く知る対象となった。そしてすでに司法当局の公式の捜査が始まったことが確認されている。

だからこの事件がこれから消えることも、隠されることもないとだけはいえるだろう。

バイデン大統領にとっての深刻な悩みとなる展望は確実なのである。

中国とウクライナへの密着

ではハンター事件とはどんな具体的な内容なのか。

詳しく説明することとしよう。

ハンター・バイデン事件の全体像をつかむにはまず第一にはアメリカ議会上院が二〇二〇年九月に発表した公式報告書の内容をみることがまず最も効率がよいだろう。

この事件の情報を最初に公にしたのは上院の国土安全保障・政府問題委員会と財政委員会とが合同した組織だった。

当時の上院では多数派だった共和党側の議員やスタッフによる調査結果として公表された報告書である。

同報告書は「ハンター・バイデン、ブリスマ、汚職」と題され、八十七ページから成っていた。ブリスマとは汚職を糾弾されたウクライナのガス企業である。

この報告書の主要点は以下のとおりだった。

ハンター氏のまずウクライナとの関与についての情報は次のような骨子だった。

・二〇一四年五月十二日、ハンター・バイデン氏はウクライナのガス企業、ブリスマ・ホールディングス社の取締役に就任し、月額五万ドルの報酬を得るようになった。同社の創業者ミコラ・ズロチェフスキー氏はウクライナ国内や国際的にも大規模な汚職事件にかかわり、二〇一四年四月にはイギリス当局からも合計二千三百万ドル相当のイギリス国内の自己資産を汚職とのかかわりで押収されていた。

・ハンター氏のブリスマ社取締役就任の直前の二〇一四年四月二十一日、ジョセフ・バイデン副大統領はオバマ政権の代表としてウクライナを公式に訪問し、ウクライナ政府と軍事援助その他の案件を協議した。バイデン副大統領はその五日前の四月十六日、ホワイトハウスでハンター氏の友人でビジネスパートナーのデボン・アーチャー氏と会談した。アーチャー氏はハンター氏とブリスマ社との仲介役となり、自分自身も同社取締役となっていた。

・ハンター氏は二〇一九年まで一貫してブリスマ社からの巨額の報酬を受け取っていた。ブリスマ側はハンター氏が現職のアメリカ副大統領の息子だという点を利用し、アメリカ側、ウクライナ側の両方でその政治的コネの重みを誇示して、汚職の目的にも使っていた。この点、バイデン父子側には刑法違反ともなる「利害相反」の疑いが生まれた。

以上がウクライナ関連の不正疑惑だった。

さらに上院の同報告書はハンター氏の中国とのかかわりを以下のように記していた。

・ハンター氏は二〇一三年十二月に副大統領として中国を訪問した父ジョセフ・バイデン氏に同行し、中国側とのコネを築き始めた。その後すぐにハンター氏が旧友のデボン・アーチャー氏らと設立していた「ローズモント・セネカ・パートナーズ」という企業に中国側の複数の銀行から億ドル単位の出資金が振り込まれた。

・振動防止の軍事精密機械を製造していたアメリカ企業「ヘンジス」社は中国投資企業「中国華信能源公司」とハンター氏らの設立した企業「ローズモント・セネカ・パートナーズ」との合同企業体により買収された。同華信能源の社長の葉簡明氏は中国共産党や人民解放軍の最高幹部らとの絆が強かった。ハンター氏も葉氏を通じてそういう幹部クラスとの接触を保ってきた。

・ハンター氏は父の副大統領ポストの影響力を利用して二〇一六年に「中国華信能源公司」傘下の「華信インフラ」と連携し、共同でアメリカでの投資企業「ハドソン・ウェスト」を設立した。二〇一七年八月から二〇一八年九月までの間に「華信インフラ」はハンター氏の法律事務所に「相談料」の名目で頻繁に送金し、その総額は四百八十万ドルほどとなった。

・ハンター氏は同時期、葉簡明氏との共同の銀行口座を開いて、葉氏が振り込んだ十万ドルを叔父のジェームズ・バイデン氏とそのサラ夫人の遊興費に当てていた。葉氏はその後、中国内部で汚職の容疑で摘発され、収監されてしまった。

以上のようなハンター氏の中国とウクライナへの密着はみな父親の公的な立場を利用しての巨額の不正利得行為だと、上院委員会の報告書は指摘するのだった。

しかもバイデン一族の他のメンバーまでが関与していたというのである。

だが前述のように大統領選キャンペーン中にこの指摘を受けたバイデン氏は「根拠のない中傷だ」と強い否定を続けてきた。これだけの具体性に満ちた疑惑の指摘だったにもかかわらず、バイデン氏はそのすべてを否定していたのだ。

アメリカ全体としてもこの事件は大統領選キャンペーン中は大きな波紋を広げるにはいたらなかった。

バイデン氏とその支持陣営の民主党側が主要メディアまで加わって情報を抑えつけてしまったからだ。

バイデン父子の疑惑ということ自体がトランプ陣営の単なる選挙戦術なのだとしてはねつける、というのが民主党側の対応だった。

これまで何度も書いてきたように、二〇二〇年の大統領選挙では主要メディアのほとんどが徹底してバイデン氏を支持し、トランプ氏を攻撃した。

アメリカの主要メディアは国内政治に関しては歴史的に党派性が強く、いつも民主党を応援する。メディアとしての客観性や中立性などというジャーナリズムの基本原則など、お構いなしである。

だから民主党側を不利にするハンター事件に対しても主要メディアは積極的には報じなかった。報じないだけならまだしも、報じた側の報道や論評にあれこれ文句をつけて抑えこむのだから、悪質だった。

ニューヨーク・ポスト紙の大スクープ

だがハンター事件では大統領選の終盤になって新たな「物証」が明るみに出た。

二〇二〇年十月十四日、ニューヨーク・ポスト紙が大スクープとして「ハンター・バイデンが父の副大統領の直接の協力によりウクライナや中国との不正なビジネスを進めていたことを立証する証拠を得た」と報道したのである。

同報道はその証拠としてハンター氏自身が使っていたコンピューターの数千通にも及ぶ

メールの交信記録を入手した、と伝えていた。その記録の内容を点検した結果のスクープ報道だと伝えていた。

同報道によると、デラウエア州のバイデン家に近いコンピューター店に修理のためとして二〇一九年四月に持ち込まれたラップトップのパソコンに明らかにハンター氏自身が送受信した膨大な数の交信記録が保存されていた。

このパソコンは明らかにハンター氏が使っていた機器だと判定された。

修理店の店主はその後の長い期間、だれもこのパソコンの回収にこないため、保存された記録の一端をみてから、連邦捜査局（ＦＢＩ）に通報した。ハンター氏がもうそのパソコンを回収しにこないことを改めて確認したうえで、メールの送受信の全記録をコピーしてＦＢＩに提出した。そのコピーがニューヨーク・ポストにも渡った——。

こんな経緯だったのだという。

ニューヨーク・ポストの報道によって次のようなことも明るみに出た。

回収されたパソコンの膨大な分量の交信記録は副大統領時代のバイデン氏が息子のハンター氏の依頼でウクライナのブリスマ社代表らと複数回、会って、息子の対ウクライナ事業をよろしく頼むという趣旨の要請をしていたことをもなまなましく記述していた。

また中国についてもハンター氏のコネづくりには同様に当時のバイデン副大統領の介入

があったことが一連の交信記録で明示された。

バイデン氏のそれまでの自分はなにも関与しておらず、関知もしていなかった、とする主張を完全に覆す物証だった。

この報道をしたニューヨーク・ポストは保守系のタブロイド新聞だが、歴史は古く、ニューヨーク都市圏でかなりの人気や信頼を得てきた活字媒体である。

この「バイデン父子汚職疑惑」の物証とも呼べるパソコンのデータの判明はアメリカの他の多くのメディアでも報じられた。

ただし選挙戦でバイデン候補を全面支援してきた民主党傾斜のニューヨーク・タイムズ、ワシントン・ポスト、CNNなどは当初は無視した。

この種のメディアはその後は他のメディアの報道に対して、そもそもニューヨーク・ポストの報道には信憑性がないという趣旨の論評を流した。

「このニューヨーク・ポストの報道は本当はロシア政府機関が流したディスインフォメーション（謀略のための虚偽情報）なのだ」とまで報じるメディアもあった。

その種のメディアの偏向はすでに述べたように二〇二〇年アメリカ大統領選の突出した特徴だったのである。

スクープを抑圧したツイッター社

その民主党支持の偏向はこのハンター事件の物証報道に関連してソーシャルメディア（SNS）のツイッターによっても露呈された。

ツイッターはトランプ大統領の最大の発信手段だった。

トランプ氏は文字どおり朝から晩まで、大統領としての政策や意見、極端な場合には怒りや喜びという感情までをツイッターによってアメリカ国民、ひいては全世界に向かって発信してきた。

ところがそのツイッター社の企業体としての責任者たちが反トランプの政治思想に基づき、トランプ氏の発信を検閲するようになったのである。

さらにトランプ大統領の特定のメッセージに「この情報にはまちがいがあると思われる」というような警告をつけるようになった。

そして最終的にはトランプ氏にツイッターを一切、使わせないという全面的な言論弾圧にまで走ったのである。

その背景としてはツイッター社の経営者たちが民主党支持者だという明白な事実があっ

た。

ツイッター社はこの政治偏向の介入をハンター事件報道でも露骨に実行したのである。

なんとツイッター社は前述の二〇二〇年十月のニューヨーク・ポスト紙によるハンター氏のメール交信記録の大スクープも抑圧したのだった。

ニューヨーク・ポストがその大報道の記事内容をツイッターで拡散しようとすると、ツイッター社側がその発信をほぼ全面的に止めてしまったのである。

この措置に対してトランプ陣営は当のニューヨーク・ポスト紙とともに当然ながらツイッター社に抗議した。

するとツイッター社は「メール入手の方法に疑義があるから」と検閲の理由を説明した。

しかしなお議会の共和党側からも激しい非難が止まず、同社側もこの拡散禁止の措置を撤回した。

トランプ陣営はツイッター社の同報道の拡散阻止は「明らかに反トランプ、バイデン支持の政治的立場の反映だ」と抗議し、ＳＮＳ全体への批判を表明した。

そもそもツイッターは今回の選挙では民主党側に優しく、共和党のトランプ陣営に厳しい党派性を一貫して明示した。

その傾向がハンター事件の新報道の扱いで鮮明にさらけだされたわけだ。

共和党側はこの点を激しく非難した。この非難はこれからバイデン政権下の国政の場でも当然、また表明されるだろう。

トランプ大統領のツイッター発信に対して運営するツイッター社側は頻繁に同大統領の発信に文句をつけるようになった。

「この情報は根拠がない」

「疑義がある」

「危険を伴う」

「論議を招く」

アメリカ合衆国の大統領の公的な発信に、どこのだれだかもわからないツイッター社の検閲係が警告のレッテルを貼るのだ。しかもその情報が発信されて瞬時の検閲なのである。

ツイッター社は大統領の発信自体を制限し、妨害する措置をもとるようになった。そして最終的にはトランプ大統領の発信はすべて禁止するにいたった。

政治的な理由での言論弾圧となれば、中国の共産党政権と変わりがない。

この措置に対してトランプ大統領やその支持層からは「一方的な検閲だ」という反発が当然、わき起った。

「他者の発信の価値を判断する資格はツイッター社にはない」という反論も激しかった。

前述のようにツイッター社の最高幹部らが政治的に民主党支持、反トランプの姿勢を明白にしていたのである。

その延長がニューヨーク・ポストによるハンター事件の物証の大スクープに対する抑圧だったわけだ。

だからこそ共和党側の反発は激しかったわけだが、この論議を主要メディアはほとんど取り上げなかった。明らかに主要メディア自体が民主党支持だからである。

同じ仲間たる民主党支持のツイッター社の措置をあえて批判的に取り上げたくはない、というのが主要メディアの本音だったといえよう。

こうした動きを踏まえ、連邦議会の上院商業・科学・運輸委員会は二〇二〇年十月三十日にＳＮＳの行動の適性を審議する公聴会を開いた。

同委員会では共和党議員が主体となり、ツイッター、フェイスブック、グーグル三社の代表を召喚して、検閲行為の責任などについて厳しい質問を浴びせた。

同公聴会では現在、ＳＮＳ企業側に認められている通信品位法第二百三十条の自己裁量による投稿の削除の権利が論題となった。

本来は企業側の法的責任保護のためのこの法律がソーシャルメディアに自社が扱うメッセージの制限や削除を許していた。そのことが政治利用に使われるという現状から同条項自体の破棄も共和党議員たちから提起されたのだ。

この課題は今後の選挙などとの関連でその答えを将来へ残すこととなった。

現実にツイッター社のジャック・ドーシー最高経営責任者（CEO）は自分自身の政治傾向として民主党支持を鮮明にしてきた。

だからこんご予測されるハンター事件の解明もソーシャルメディアや一般大手メディアの圧倒的多数は消極的、あるいは妨害に回る見通しが高いのである。報道や論評でも逆にバイデン父子擁護に回るというというシナリオも考えられる。

そうなるとこの事件の追及の政治的な重みが減って、一般アメリカ国民への真剣なインパクトが大幅に減ることもありうることとなる。

しかしその一方、今回のハンター事件について否定の難しい物的証拠といえる資料の判明の比重は大きいだろう。

純粋な刑事事件捜査という点でも物証があれば罪状が確定しやすいという側面もすでに明らかになってきた。

その点で民主党が提起し、追及した「ロシア疑惑」や「ウクライナ疑惑」とは様相が基本から異なることも予測されるのである。

ましてバイデン新政権がスタートしてもなおバイデン勝利を認めないトランプ支持層の

爆発的な政治エネルギーは新大統領の疑惑や不正に矛先が当然、向けられるともみられるのだ。

この意味でバイデン新政権は、このハンター事件のために厄介きわまる負の要因を抱えたままの船出になりつつあるともいえるのである。

波乱の私生活を送ってきたハンター氏

さて話を選挙前に戻すが、ハンター事件も二〇二〇年十月の物証の判明でそれまでとはかなり異なる様相をみせるようになった。

不正の糾弾も信憑性と迫力を増す感じとなったのだ。

トランプ大統領も選挙戦の終盤では「バイデン父子汚職」を一般有権者に対してより強く訴えるようになった。

連邦議会でも選挙戦終盤にニューヨーク・ポストの新報道を受ける形で下院共和党の議員たちが新たにバイデン氏の行動への刑事事件捜査を求める声明を出した。

「副大統領としてのジョセフ・バイデン氏が在任中に自分自身の家族の経済利益の増進のために中国共産党の幹部党員らと不正な協力をしていたことを証する証拠が出現した。司法省に対して特別検察官を任命して刑事事件としての捜査を開始することを要求する」

以上のような骨子の声明はアンディ・ハリス議員（メリーランド州選出）ら合計十一人の共和党下院議員によって発表された。

明らかにトランプ大統領の動きを支援する意図だった。

それでもなお共和党側のこうした糾弾が選挙の行方を変えるということはなかった。

さてこうした動きの中心のハンター・バイデン氏とはどんな人物なのか。報告しておこう。

ハンター氏は現在、五十歳、父のジョセフ氏の最初の妻ニーリアさんとの間の次男として生まれた。

だがニーリアさんが一九七二年に自動車事故で亡くなった。そのときに同乗していた当時二歳のハンターさんも重傷を負った。

ハンター氏は有力政治家の息子として名門校のジョージタウン大学からイエール大学法律大学院に進み、弁護士として活動した。ベンチャービジネスなどにも関与した。

一方、私生活では幼時の母の死に加えて二〇一五年には実兄のボー氏が脳腫瘍で亡くなるという悲劇にも遭った。

ハンター氏には離婚の経験もある。その離婚の後、実兄の未亡人のハリーさんとも親密となった。その間、コカインやアルコールの依存症ともなった。その治療に苦労した話も広く伝わっている。

ハンター氏は二〇一九年五月には南アフリカ出身の女性と電撃的な再婚をして周囲を驚かせた。

その一方、同年十一月には別の女性から子供の認知を求められるという騒ぎをも起こしていた。

こうした波乱の私生活を経験してきたハンター氏もことビジネスとなると、独特の才能を発揮してきたのだともいえよう。

バイデン父子の不正の新たな証拠

ハンター氏にからむ疑惑は昨年十一月三日の大統領選挙投票までは以上のような状況だった。

ところが投票が終わると、さらにまた新たな展開があった。

十一月十九日、上院共和党の有力議員二人が改めてバイデン父子の不正の新たな証拠と証人を得たと発表したのだ。

上院共和党のロン・ジョンソン、チャールズ・グラスリー両議員がバイデン父子に関して新たな調査結果を公表した。

「中国共産党関係者らと不正な取引をして、巨額の報酬を得たことに関してジョセフ・バイデン氏の直接のかかわりまでを示す証言と証拠を入手した」

こんな趣旨だった。

両議員による報告はこの事件ではハンター氏だけでなく、父親のジョセフ・バイデン氏も犯罪行為にかかわっていたと断言する容赦のない内容だった。

同報告はハンター氏の対中ビジネスに一時、直接に参加していたトニー・ボブリンスキーという人物の証言や電子メールの交信記録をも明らかにしていた。

ボブリンスキー氏はいまやハンター氏との縁を切った形で以下の声明を出していた。

「私はジョセフ・バイデン氏自身ともこの中国の取引について直接に話し合った。その証拠となるメールの記録などが多数、存在する」

このような事態の進展はバイデン陣営、民主党側に対してハンター・バイデン疑惑が巨大な波となって襲うという見通しを確実にしたといえよう。

さらにその後の昨年十二月に入って、バイデン陣営をまた一段と不利にする展開があった。

ハンター・バイデン氏がすでに司法当局の刑事事件捜査の対象となっていることが確認されたのである。

もちろん中国やウクライナの腐敗企業との不正な関連が刑事捜査の標的になっている、という意味だった。

二〇二〇年十二月十日、デラウエア州の連邦検事局は「ハンター・バイデン氏に対する税金関連の刑事事件捜査を進めている」ことを公式に認めた。

この検事局の言明は一部のニュースメディアが「司法当局はジョセフ・バイデン氏の次男ハンター氏が中国とウクライナの腐敗企業から巨額の『顧問料』などを得たことに対して少なくとも脱税という観点から捜査をすでに開始した」と報道したことを受けての確認の声明だった。

デラウエア州はジョセフ・バイデン氏がハンター氏ら家族とともに長年、住んできた地元である。

同州検事局の言明を認める形でハンター氏本人は十二月十二日、声明を発表した。

「司法当局が私を対象として税金関連の捜査を進めていることをきわめて深刻に受け止めている。税金に関しては、私はこれまで税金専門のアドバイザーの助言を基礎に対応してきたので、この捜査が潔白を証明すると信じている」

ハンター・バイデン氏はやはり刑事事件の捜査の対象になっていたのだ。

となれば犯罪事件の容疑者ということになる。

そのことを彼自身が認めたのだった。

この事実の判明は重大だった。

デラウエア州の検事局は非公式にハンター氏への捜査が大陪審を舞台に進められていることを明らかにした。

大陪審とはアメリカ独特の司法慣行である。検察が刑事事件の捜査の結果を一般市民から任命した陪審員たちに提示して起訴するか否かを決めていくというシステムなのだ。

その大陪審での捜査の対象は刑法違反の容疑が濃い被疑者となる。

だからハンター氏にはすでに明確な嫌疑がかかり、捜査当局の正式の捜査の標的となっていたというわけである。

その捜査はすでに二〇一八年から始まっていたという。

この事実は全米のほぼすべてのメディアによって報道された。

だがそれまでハンター氏の容疑が一部メディアで選挙前に報じられるとニューヨーク・タイムズなどは前述のように「ハンター氏の不正容疑の情報はロシア発のディスインフォ

メーションのようだ」などとも述べて一蹴していた。

あるいは「共和党側が選挙でバイデン候補を不利にするために流した偽情報だ」と報じるメディアもあった。

この種のバイデン父子擁護の「報道」がみな虚構だったことがこの検事局の発表により改めて証明されたことになる。

ハンター氏も自分自身にかかった嫌疑については否定を通してきた。

自分が実際には刑事事件捜査の標的となっていたことは当然、知っていただろう。だがそんな気配はツユほどもみせなかった。

ところがいまやそうした虚偽が暴かれたわけである。

一方、ニューヨーク・ポストは選挙後の十二月上旬にさらにハンター氏が中国側の葉簡明氏に対して「紹介料」として年間一千万ドルを請求し、その十%を父親のジョセフ・バイデン氏に提供することをも示唆したメールの内容を報道した。

こうした流れの結果、選挙投票以前はこの疑惑をロシアの虚偽情報だなどとして抑えたニューヨーク・タイムズはじめ民主党支持の大手メディアの偏向報道が改めて批判の対象となってきた。

この情報の真実性が選挙前に一般に報道されていれば、選挙の結果も変わったとする世論調査の結果も公表された。

政治とメディアの関係を研究する機関の「メディア調査センター」が十二月中旬、アリゾナ、ネバダ、ウィスコンシンなど大統領選で激戦となった七州でこの点に絞った世論調査を実施した。

バイデン候補に投票した有権者を対象に「もしハンター氏の不正疑惑への捜査の存在っていたらどう投票したか」という質問を中心とした調査だった。

その結果、六人に一人がバイデン氏には投票しなかっただろうと答えたという。

文字どおりに解釈すれば、大統領選全体の結果も変わりえたということになる。

大統領一家の「中国・ウクライナ」スキャンダルへ？

さてここまでのハンター氏にからむ出来事の展開をみると、バイデン政権にとって最悪の場合、中国とウクライナというアメリカ外交にとっていずれも超重要な国家をからめての大統領一家のスキャンダルというシナリオも浮かんでくる。

両国ともアメリカにとってはいずれも外交上、戦略上、独特の重みのある関係を持つ国である。

その両国の腐敗分子と大統領の子息、あるいは大統領自身が不正なかかわりがあったとなれば、事態は深刻である。

バイデン新政権の最大の難問のひとつともなりかねない。

まして捜査当局による刑事事件の捜査がすでに二〇一八年から始まっている、というのだ。

そのうえに共和党、トランプ支持層はこのハンター事件をバイデン政権攻撃の主眼ともする構えをみせている。

その攻撃の手段としてはすでに述べたように当然、特別検察官の任命という可能性も有力である。

この捜査がクロの方向へと進めば、ハンター事件はバイデン政権にとっての「ロシア疑惑」ともなりかねない。

トランプ政権がその発足時から民主党側からの攻撃により直面した「ロシア疑惑」の逆転版である。

「ロシア疑惑」は「二〇一六年の大統領選挙でトランプ陣営はロシア政府と共謀してアメリカ有権者の投票を不正に動かした」という主張に基づいていた。

民主党側はこの「ロシア疑惑」を追及して、特別検察官を任命し、二年以上にわたりトランプ大統領を糾弾し続けた。

大統領の弾劾措置にはいたらなかったが、トランプ大統領にとってはおそらく弾劾以上に厳しい試練だっただろう。民主党と主要メディアが一体になっての連日連夜の攻撃がかけられたのである。しかもその期間は三年ほどにも及んだ。

この点ではハンター事件は民主党のバイデン政権にとっては「中国・ウクライナ疑惑」ともなりかねないのだ。

もっとも「ロシア疑惑」には根拠がなかった。

そもそも民主党側がイギリスの元スパイに作らせた虚偽文書を使った捏造の疑惑だったことが判明した。

それでもなお、トランプ政権はさんざんに悩まされ、ぎりぎりまで追い詰められた。

民主、共和両党の険しく対立するいまのアメリカの国政の場ではいざ政争となると、徹底した厳しさが発揮されるのだ。

そんな環境のなかで結論としてなんの根拠もなかった「ロシア疑惑」よりもすでに確実な証拠と呼べる材料が多々ある「中国・ウクライナ・バイデン疑惑」のほうが攻める側にとっての武器としてはずっと破壊力を発揮するだろう。

前述のように連邦議会の共和党議員たちはすでにこの疑惑を理由にバイデン氏やバイデ

ン陣営を鋭く攻撃するという構えを明確にしているのだ。

ウクライナに関してはトランプ政権時代には議会の民主党議員たちが激しい攻撃に出た。トランプ大統領がウクライナ政府に対してバイデン氏とその親族の行動に対する捜査を不当に開始させようとしたと断じて、大統領弾劾決議案までもプッシュした。

ところが今回は皮肉なことに、トランプ大統領がかつて抱いたとされるバイデン氏の不正疑惑追及の意図が、それなりに根拠があったことを示す展開ともなったのだ。

この点ではいまの状況は「ウクライナ疑惑」の逆転だともいえるだろう。

だからこれまで何度も述べてきたように、このハンター事件はこれからのアメリカ国政を揺るがし、バイデン新政権の土台を襲う危険な潜在破壊力を持つ案件なのである。

この点ではハンター事件はバイデン大統領にとっての政治的な爆弾だと評することもできるようだ。

第六章

中国への強硬姿勢を緩める日

トランプ政権と同じ対中政策?

バイデン政権の新政策では日本側としての最大の関心は、まずその対中政策に向けられているようだ。

いや日本に限らず、いまの世界では超大国のアメリカの新大統領が世界第二の異端の大国の中国にどう対するのかは最大級の関心事である。

アメリカの新政権が中国に対してどんな態度をとるかは、わが日本にとってとくに影響が大きい。特別の注意を向けざるを得ないアメリカ新政権の特別な側面だともいえよう。

私はアメリカと中国との関係のうねりをここ二十数年、ワシントン、北京、東京という三地点から三角測量のような形で追ってきた。

この既存の超大国とそれに挑戦する新興の超大国のせめぎあい、からみあいは日本にも国家のあり方を問うほどのインパクトを投げかけてきた。

米中日のこの三極関係のダイナミズムはますます勢いを増してきた。

だからこそバイデン政権の対中動向には特別の関心を向けざるをえないということである。

バイデン新政権の対中姿勢については日本側では「トランプ前政権と変わらない強硬な政策を保つ」という見方が意外と多い。

だから中国の無謀な膨張は抑えられるから日本も心配することはない、とするような反応だといえよう。

だがバイデン政権の中国に関する対応は現実にはそれほど簡単でも直線的でもない。

政権のスタートから一カ月が過ぎた現時点で、新政権の対中政策の手がかりとされるのは、みな政権高官たちの断片的な発言である。

バイデン大統領が「中国はアメリカの最大の競合相手だ」と発言した。

ブリンケン国務長官が「中国のウイグル人弾圧はジェノサイド（組織的な大虐殺）だ」と明言した。

オースティン国防長官が「中国は戦略的競争相手であり最重要の懸案だ」と証言した。

この種の言葉を集めるだけで、新政権自体のこれからの政策について断じることは危険である。

なぜならこれらの言葉はすでに形成され始めた政策の説明ではない。言葉だけであって実効のある公式措置の報告ではない。

しかも政府高官のこの種の発言は人事の任命を審議する上院の各委員会の質疑での応答

が大多数なのだ。上院議員の半分はトランプ政権を支持してきた共和党である。

国務、国防、財務などの各長官、次官らの人事を承認する上院での各公聴会の過程では、中国についても鋭い質問が共和党側から浴びせられる。

みな中国への強硬抑止が不可欠としたうえでの質問となる。

野党の共和党議員たちは閣僚候補らの答えが気にいらなければ、承認を遅らせるような反発を平気で示す。

だから承認される側も気にいられるような答えに傾きがちとなる。バイデン政権としての対中政策はまだ形成さえされていないのに、個々の閣僚候補らが共和党議員たちに質問に対しては、議員たちを当面、満足させるような対中強硬策を示唆する。こうした現実もみなければならない。

しかしそれでも就任当初からトランプ前政権の政策の多くを破棄し、逆転させてきたバイデン政権は、こと中国に関しては既存の政策や法律の多くを当面は保留とした。

だからこそ「トランプ政権と同じ対中政策」という観測が生まれるわけだ。

だがこの観測の根拠はいまの時点では政権高官たちがそれぞれ異なる文脈で述べた言葉という「点」にすぎない。

バイデン政権全体としての対中政策の「線」や「面」はまだまだ明確ではないのだ。

バイデン政権はまだ中国に関する実効のある政策や法令はごくごく一部を除いてしか出していない。基本政策はこれから組み立てるという段階なのである。

しかしそれでもなおその対中政策の特徴を予測することはかなりの程度、可能である。またそうした予測は必要であろう。

「硬」となる可能性、三つの根拠

ではバイデン政権の対中政策はどうなるのか。「点」や「線」をたどるのではなく、構造的な考察での予測を試みたい。

まず結論を先に述べれば、バイデン政権の中国に対する政策は硬軟が入り混じった「まだら」の内容となるだろう。

これまでのトランプ政権の対中政策が完全な対決、そして封じこめ、強硬一色だったのにくらべ、バイデン政権の姿勢は対決と融和の混合になる、と予測したい。

ではまずバイデン政権が中国に対して強固な姿勢をとることの論拠をあげよう。

「硬」となるだろう部分の根拠である。

第一は中国自体の行動である。

トランプ政権が中国に対して全面対決をとるにいたった原因は中国の対外的な軍事膨張、領土拡張、経済恫喝外交、不公正経済慣行、人権弾圧などだった。

中国のこの種の行動はバイデン政権になっても大きく変わる気配はない。

コロナウイルスの世界的な拡散の後でも中国は「戦狼外交」と称し、傲岸不遜の態度を保ってきた。

アメリカの年来の同盟国オーストラリアに高圧的な攻勢をかける。

日本の尖閣諸島や台湾、インドに軍事がらみの威嚇行動をとる。

バイデン政権としても中国のここまでの横暴には強固な対応をとらざるをえないという要素は大きい。

第二はアメリカの世論や議会の動向である。

アメリカ国民の間ではトランプ政権の当初から中国への反感が急速に高まっていた。

不公正な貿易慣行、アメリカ国内でのスパイ活動やロビー工作への反発に加えて、新型コロナウイルスのアメリカでの大感染は中国の当初の隠蔽工作のためだとする糾弾が全米に広がった。

民主党系の識者からも中国政府のウイルスに関する虚偽情報発信などへの非難が激しく噴出した。

アメリカ議会ではこの民間の反中態度を反映する形で、中国政府にコロナ拡散の責任を帰し、賠償を求める動きが超党派で起きた。

ウイグルや香港での中国政府の弾圧に対しても超党派の制裁法が共和、民主両党の結束で成立した。

バイデン政権はこの反中の潮流を無視はできないだろう。

第三はトランプ前政権の重みである。

トランプ政権の対中政策は強硬に徹した。

中国の共産党政権を否定するところまで糾弾を高め、中国の軍事膨張を封じる軍事強化を果たした。

経済の不公正慣行や人権の弾圧への対中制裁も法律だけでなく大統領令を次から次へと発布して、中国を強固に抑えるメカニズムを構築した。

バイデン政権にとってはこの対中抑止のメカニズムを覆すことは容易ではない。

トランプ前大統領の行政命令は破棄できても、議会が認めた法律の撤回は簡単にはできない。

さらにトランプ陣営は議会両院でもなお強力な存在を保っている。バイデン政権の対中政策に弱点があれば非難して、強硬策を促す構えをすでに十二分にみせている。

バイデン政権も野党からのこの非難は無視できない。

以上のような諸要因からバイデン政権の対中政策には強い抑止部分も必ず保たれていくと予測される。

国防費削減とリベラル外交体質

しかしその一方、バイデン政権が中国に対してトランプ政権よりはずっとソフトな姿勢をとることを予測させる要因も、多様に現存するのである。

いわば「硬」に対して「軟」となりそうな政策面での論拠である。

そのうちの主要な二つをあげてみよう。

第一はバイデン政権の国防費削減である。

トランプ政権の対中強硬策の基盤は強力な軍事抑止に支えられていた。

トランプ政権は就任以来、オバマ政権の国防費削減を逆転させ、驚異的な軍事力強化を続けてきた。

トランプ政権の年間の国防費は七千億ドル以上、しかも毎年十%以上の増額を重ねてきた。その主要部分はインド太平洋向け、つまり中国への軍事抑止に投じられてきた。

トランプ政権は「国家防衛戦略」のなかで中国との戦争を防ぐ最善の方法は「中国との間で想定しうる戦争に実際に備え、戦って勝てる能力を保つことである」と宣言してきた。その結果、中国の戦力に対抗し、抑止する大規模な軍拡を進め、とくに中国側が重視する第一列島線、第二列島線を抑える軍事力を強化してきたのだ。

この米中対立の軍事的側面の現実は日本で語られることはきわめて少なかった。中国が対外戦略の最大の柱として軍事力を重視することは広く知られている。国際紛争を軍事力で解決することをためらわない。ただし対抗する相手がどれほど強いか、弱いかを冷徹に計算する。

習近平政権がトランプ政権の絶え間のない反中政策に対して、言葉では激しい反発を表明しながらも、行動では一定線を決して超えることがなかったのも、トランプ政権のこの強力な対中軍事政策の現実を理解していたからだといえた。

ところがバイデン政権は国防費を減らすことを公式に宣言してきた。しかも大幅な削減案を語っている。

本来の民主党リベラル志向の軍事軽視に加えて、コロナ対策や社会福祉での国内政策面での支出の膨張がバイデン政権の財政の基本では、国防費の大幅カットを不可避にするというわけだ。

その結果、アメリカ側の中国に対する軍事抑止のパワーはどうしても減少する。バイデン政権が、中国への強硬な抗議や制裁の措置をとることにためらう傾向が生まれることが予測される。

中国側も敏感にその変化を感知して、軍事面での行動パターンをまた活発にしてくることにもなりかねない。これまでのアメリカ側の中国抑止の最大の支柱が縮小する危険も生まれるわけである。

バイデン政権のこの軍事面での後退は同政権の出発当初からの国内政策最優先という基本方針によっても予測されてきた。

第二はバイデン陣営のリベラル外交体質である。

民主党リベラル派は対外戦略では伝統的に国際協調を重視する。他国との対立や衝突を避ける。固有の対外融和体質だとも呼べる。

オバマ政権が中国にみせた姿勢だった。

バイデン政権の高官たちはほぼ全員がオバマ政権のメンバーだった。

バイデン氏自身が副大統領だった。

外交面の担当者たちも、すでに述べたように、みな「旧オバマ・チーム」なのである。

ブリンケン国務長官、サリバン国家安全保障担当大統領補佐官、ヘインズ国家情報長官はみな、すでに述べたようにオバマ政権の同じ分野のポストに就いていた。

バイデン政権のホワイトハウスにはさらに国家安全保障会議のインド太平洋調整官という新設ポストに就いたカート・キャンベル氏、気候変動問題担当の大統領特使のジョン・ケリー氏、国内政策担当補佐官のスーザン・ライス氏などが起用された。

いずれもオバマ政権の枢要な地位にあった人たちである。

つまりは対中融和に徹して、中国の無法な軍事拡張や他国の領土奪取、経済威嚇外交などを許したオバマ政権の政策を担った人たちなのだ。

ただし中国に関する状況は当時とはがらりと変わった。だからこの人たちが以前と同じ思考や行動をとるとはいえないだろう。

だがそれでもなおこの種のリベラル派の外交専門家たちに流れる遺伝子のような体質は否定できない。

他国の対外活動が自国の規範に合わなくても強硬には対応せず、対話や協調を優先する傾向である。

実際にオバマ政権の対中外交ではどの分野でも対話が設けられ、米中対話の総数は数十に達していた。トランプ政権はそれらの対中対話をつぎつぎとなくしていったことは、すでに広く知られている。

バイデン氏は今回の大統領選の最中の昨年四月に発表した外交政策論文では「中国には強固に対応する」と書きながらも、「中国とは気候温暖化、大量破壊兵器拡散防止、医療保健などの問題では協力も必要」と記していた。「中国への制裁や懲罰はよくない」とも述べていた。

バイデン大統領はつい最近の二〇二一年二月十一日の習近平主席との電話会談でも、中国の一連の無法な行動への抗議を伝えながらもなお、「米中両国は関与していく」と述べていた。

トランプ政権が禁句としたオバマ政権の対中政策のキーワード「Engagement（関与）」の復活だったのだ。

キャンベル氏とサリバン氏も二〇二〇年十月に同じ外交政策雑誌に対中政策について共同論文を発表していた。「破局なき競合」という題の論文だった。

つまりは中国とは競合しても破局があってはならない、というのだ。

この論文は以下の骨子をも述べていた。

・アメリカは中国にチャレンジしながらも、共存を目指さねばならない。
・中国とは単なる競合はよくない。競合の結果、なにを目指すかを決めねばならない。

・中国との冷戦に入ってはならず、協力の分野を広げねばならない。

以上をみただけでも、バイデン政権の対中政策を進める人たちの傾向がわかる。その結果はトランプ政権にくらべれば、よくいって柔軟、悪くいえば軟弱な方向を指しているのだ。

「中国ウイルス」の表現を禁止する大統領令

以上の「硬」と「軟」の諸要素の考慮は基本的にはこれまでの出来事を基礎にしてこれからの政策を占うという作業である。

だがこうしてまだ形成されていないバイデン政権の対中政策を予断することには不公正な要素もつきまとう。

まだ幕を開けていないドラマを批評するような面があるからだ。

だが他方、バイデン大統領が中国に関してすでに公式決定を下した事例も少数とはいえ存在する。これまた日本の主要メディアではなかなか報じられなかった。

だがきわめて重い象徴的な意味を持つケースだといえる。

まずそうした事例を二件、報告しよう。

第一は中国の武漢発の新型コロナウイルスを「中国ウイルス」とか「武漢ウイルス」と呼ぶことを禁止する大統領令だった。

この命令は二月中旬までにはバイデン大統領が中国に関連してとったきわめて少数の公式の措置のひとつだった。

「中国ウイルス」「武漢ウイルス」という表現の連邦政府の文書での使用を禁止する行政命令だった。

バイデン大統領は一月二十六日、「アジア系市民らに対するコロナウイルス感染を契機とする人種差別、外国人排斥、非寛容を糾弾する」という趣旨の大統領令を発布した。

中国で発生したコロナウイルス大感染の結果、アメリカでは中国系などアジア系米人に対する不当な偏見や差別が生まれている、という前提だった。

バイデン大統領はその大統領令の一部としてコロナウイルスの呼称に関する覚書を発表した。以下のような内容だった。

「コロナウイルス感染症に関して、その起源の地理的な場所への言及を含む政治指導者の言動が、この種の外国人嫌悪の感情を広める役割を果たしたことを連邦政府は認めねばならない。その種の言動がアジア系アメリカ人らへの根拠のない恐怖を煽り、言われのない汚名を広めて、いじめや嫌がらせ、憎悪犯罪を増加させたのだ」

この「コロナウイルスの起源の地理的な場所への言及」とはまさに、「中国」とか「武漢」という名称をウイルスに冠することだった。

この覚書の結果、連邦政府各省庁の公式文書では「中国ウイルス」「武漢ウイルス」という表現はすべて使用禁止とされた。

覚書にある「政治指導者」とはトランプ前大統領やトランプ政権の高官であることは明らかだった。

トランプ氏は在任中の昨年三月ごろから公式の記者会見でも「中国ウイルス」とか「武漢ウイルス」という言葉を使うようになった。

ホワイトハウスの会見でも当初、用意された発表文草案の「コロナウイルス」という用語もあえて「コロナ」という部分を消して、「中国」という言葉に入れ替えた記録も残っている。

だがバイデン大統領はこのウイルスを発生地名で呼ぶことは中国系などのアジア系アメリカ人への差別や憎悪を生むから禁止する、というのだ。

しかしなおアメリカ国内では習近平政権のウイルス感染拡大の隠蔽工作への非難も強い。

バイデン新大統領のこの措置が出た二〇二一年一月末というのは、国際保健機関（WHO）

の調査団がちょうど武漢での現地調査を実施した時期でもあった。

そのうえに国際的となった感染症の名称にその発生源の地名、国名を使うという慣行はこれまできわめて一般的だった。

たとえば「スペイン風邪」「日本脳炎」「エボラ熱」「中東呼吸器症」などである。

だからバイデン大統領のコロナウイルスと中国との切り離しに近いこの措置はすぐに激しい反対論をも招くにいたった。

保守系の政治評論家ベン・ワインガルテン氏は大手週刊誌の『ニューズウィーク』一月二十九日号への寄稿で激しい反対を表明した。

「バイデン氏の『中国ウイルス』呼称禁止は国家安全保障への脅威の予兆だ」という見出しの同論文は、国際的な感染症、流行病をその発生源の地名、国名で呼ぶことはすでに確立された慣行だと述べ、そもそも「中国」という国名は人種や民族を指していないから、人種や民族の差別の理由にはならないと、主張していた。

同論文はさらに中国発コロナウイルスの場合、とくに中国政府の当初の情報の隠蔽や虚偽の情報拡散が国際的な感染を増大したという責任を明確にするうえでも、「中国」という呼称の使用は重要だと強調していた。

ワインガルテン氏の同論文はバイデン政権のこの措置は中国政府を最も喜ばせるとも指

摘し、同政権がこんごトランプ政権のとった対中強硬政策をつぎつぎに撤回していくだろうとの予測をも打ち出していた。

バイデン政権のこうした対中融和の姿勢はアメリカの国家安全保障にとっての脅威になる、という主張でもあった。

この出来事に対しては、たかが呼称の問題ではないかという反応もあろう。

だが言葉のうえで新型コロナウイルスと中国とを切り離すという公式の大統領命令に対しては、中国への忖度だという反応が同じアメリカ国内でもすぐに起きているのだ。

そしてなによりもバイデン大統領の中国観がトランプ前大統領のそれとは大きく異なることを象徴的に明示したのがこの呼称に関する大統領令だともいえるのである。

この大統領令での特定用語の禁止命令はバイデン政権の対中政策の第一歩と評してもまちがいではない。

孔子学院に関する規制の撤回

バイデン大統領の中国に対する融和を連想させる第二の事例は孔子学院に関する規制の撤回だった。

バイデン政権はアメリカの大学が中国共産党の対外宣伝教育機関の「孔子学院」との接触をアメリカ政府公的機関に報告することを義務づけたトランプ前政権の行政命令をも撤回した。

この撤回は中国政府の対アメリカ工作の取り締まりを緩和する結果をもたらす措置だった。措置が公式にとられたのは、中国ウイルスという呼称を禁じた大統領令が出た同じ一月二十六日だった。

この両措置とも中国への融和や忖度を思わせる措置である。

「バイデン政権はトランプ前政権と同様の対中強硬策をとる」と断言する向きは直視すべき現実だろう。

トランプ政権は孔子学院がアメリカの多数の大学で講座を開くのは中国共産党の独裁思想の拡散やスパイ活動のためだとして刑事事件捜査の対象としてきた。

トランプ政権はその政策の一環としてアメリカ側の各大学に孔子学院との接触や契約があれば政府当局に報告することを行政命令で義務づけてきた。

だがバイデン政権はその行政命令をなくす措置をとったのだった。

この孔子学院に関する規制撤回の措置もコロナウイルスの呼称の措置も、バイデン政権は当初はあえて公表しなかったため、アメリカ国内一般にも情報が広がるのが遅れていた。

バイデン政権のホワイトハウスは孔子学院に関する措置について、当初は公式に認めなかった。

だが担当省庁の国土安全保障省など公式のサイトでトランプ政権の出した行政命令を正式に撤回することを明記したため、改めてその対中融和策が確認されることとなった。

孔子学院は中国共産党の統一戦線工作部により、世界各国の教育機関に中国の思想や言語や文化を広めるという野心的な計画だった。

中国当局は二〇〇〇年ごろから日本、アメリカ、ヨーロッパ諸国の大学や中高校の内部に中国側が運営する教育機関として「孔子学院」をつぎつぎに開設していった。中高校の場合は「孔子学級」と呼称した。

この孔子学院は中国側が資金と人材を投入し、外交や教育の名の下に、各国の学生に中国共産党思想を教えることが真の目的とされた。

アメリカや西欧諸国ではその活動に対して、「青少年に非民主的な思想を教えることで民主主義や自由、人権という価値観への脅威になる」という懸念も生まれていた。

アメリカでは孔子学院を受け入れた大学は一時は百校以上を数えた。

だが各大学で孔子学院の教えは大学当局の教育方針と一致しないことや、孔子学院自体がアメリカ側の情報収集や中国人留学生の監視などを実行していることが指摘され、アメリカ側の反発が広まった。

トランプ政権はこの孔子学院への姿勢がとくに厳しく、アメリカ国内でのその活動自体に違法性が濃いという見解までを打ち出すようになった。

トランプ政権のＦＢＩのクリストファー・ライ長官は二〇一八年二月の上院公聴会で証言して、孔子学院について以下のように指摘したのだった。

・中国政府はアメリカ国内の大学などに設けた孔子学院を利用して、中国共産党思想のプロパガンダ的な拡大だけでなく、米側の政府関連の情報までも違法に入手するスパイ活動にかかわっている容疑があり、ＦＢＩとしてすでに捜査を開始した。

・孔子学院は中国の言語や文化の指導を建前としているが、現実には中国共産党政権の指揮下にある機関としてアメリカなど開設相手国の中国留学生を監視し、とくに中国の民主化や人権擁護の運動にかかわる在米中国人の動向を探る手段とされている。

・中国側はアメリカでの学問の自由や大学の開放性を利用する形で主要大学などに食い込み、アメリカ人学生への思想的な影響行使のほか、中国人留学生をひそかに組織して民主化運動に走る中国人学生を取り締まっている。

アメリカでは孔子学院はここ数年、実際にいくつかの大学で政治的な問題を起こし、閉鎖を命じられるケースも増えていた。

シカゴ大学では大学当局が一度は学内に開設を認めた孔子学院を閉鎖した。司法当局が孔子学院自体を刑法違反事件の捜査の対象としていると言明したことの意味は大きかった。

ちなみに日本でも孔子学院は早稲田大学、立命館大学、桜美林大学など十校以上の主要大学に開設されているという。

トランプ政権はこうした背景の下で、アメリカの大学が孔子学院と接触する場合や契約を結ぶ場合は政府機関に届け出ることを義務づける条例を出していた。

だがバイデン政権はその条例を撤回したのだった。

その結果、二月中旬になって議会の共和党側からバイデン政権の撤回措置への強い反対が表明された。

マルコ・ルビオ上院議員やマイケル・マコール下院議員が以下の趣旨の声明を出したのだ。

「孔子学院のアメリカ国内での活動はアメリカの高等教育機関や学生への危険な洗脳、影響力行使の工作だと証明されているのに、バイデン政権の規制撤回の措置はそんな工作の黙認につながる」

ルビオ議員はとくに「バイデン大統領は言葉では中国を『戦略的競争相手』などと批判するが、実際の行動ではすでに習近平政権への融和の道を歩み始めた」と厳しく論評した。

こうした展開はバイデン政権の中国に関する言葉ではなく実際の行動として注視すべきだろう。

カート・キャンベル氏は米中友好団体の副会長だった

孔子学院に関してさらに気がかりなのは、バイデン政権の対アジア、対中国の部門の政策担当者として起用された高官も孔子学院とのかかわりがあったことだった。

前述のバイデン政権のインド太平洋調整官という新設の枢要ポストに任じられたカート・キャンベル氏である。

同氏がかつて中国政府とも関係のある米中友好団体の幹部を務め、トランプ政権が違法だと断じた中国政府機関の孔子学院ともつながりがあったというのだ。

キャンベル氏は民主党系の安全保障・外交専門の政治官僚として歴代民主党政権に務めてきた。とくにオバマ政権ではその冒頭の二〇〇九年から二〇一三年まで東アジア・太平洋問題担当の国務次官補だった。その間、日本や中国との折衝にあたり、日本でも広く知られるようになった。

キャンベル氏が二〇二一年一月に与えられたバイデン政権の新設のポストは、大統領の下で中国、日本、インド、朝鮮半島などインド太平洋の広範な領域の動向に対処するとされ、とくに中国への対応が主要な任務とされた。

ところがこのキャンベル氏が、中国政府とも関連の深い米中友好団体の「米中強財団」(中国名は「中美強基金会」)の副会長を務め、同財団の創設者の一員だったことが批判的に取り上げられたのである。

この指摘はワシントンの保守系のニュースメディアの『ワシントン・フリービーコン』や『政治リスク・ジャーナル』によって一月下旬に報じられた。

これら一連の報道によると、キャンベル氏は二〇一六年にアメリカで創設された「米中強財団」の副会長をその創設時から二〇二〇年八月まで務めてきた。

この財団は本来、中国系米人の実業家フロレンス・ファン氏(中国名・方李邦琴)からの寄付金百万ドルなどによって創設された。

財団の活動目的は「米中両国の若者たちを交流させ、両国の友好や交流を深めること」だと発表されてきた。

しかし同財団は中国政府との絆が強く、アメリカ国内でも以下のような活動を展開してきたという。

・二〇一七年八月には米中強財団は中国人民解放軍創設九十周年を記念する広報活動を実施し、アメリカ側一般に習近平主席の人民解放軍礼賛の演説の英訳を提供して、それを読むことを訴えた。

・同時期に同財団は中国政府の推進する多国間インフラ建設構想の「一帯一路」についてのキャンペーンを打ち上げ、その利点や美徳を強調する広報作戦を展開した。

・二〇一八年三月に米中強財団はワシントンの全米記者クラブで在米の孔子学院本部との共催で「米中高等教育の四十年間の交流成果」というタイトルの討論会を開いた。この時期にはトランプ政権の司法当局はすでに孔子学院のアメリカ国内での活動に違法行為があるという疑惑に基づき捜査を始めていた。

以上の趣旨のこれら報道はキャンベル氏が米中強財団のこうした活動の裏表を知りながら黙認、あるいは奨励し、同財団への協力を続けた疑いが濃いと述べていた。

もちろん、米中両国間の交流や中国政府の主張を米側に広く伝えること自体が犯罪となるはずがない。

しかしこれらの報道は、中国政府がアメリカの官民にとって明らかに有害な活動を展開するプロセスで米側の学者、あるいは旧政府高官がその活動に加担することには、少なくとも道義的な問題があるとも指摘していた。

まして、バイデン新政権の対アジア政策の枢要部門で中国の国際規範違反などに対処する任務を与えられた人物に、そうした中国への密着の軌跡があるとすれば、問題だと主張しているわけだ。

ワシントン・フリービーコンの記事はキャンベル氏の中国との絆、あるいはその疑惑に対するその種の批判として、アメリカ政府の情報機関で中国の対米工作などの調査に当たった経験があるという、アンダーズ・コア氏の以下のような論評を紹介していた。

「米中強財団は中国共産党の対米工作機関の性格があるといえる。表面的には米中両国間の『関与』、『協力』、『理解』という標語を唱えるが、実際には違法行動をも含めて水面下で米側の官民に影響力を行使する多様な工作を進める。アメリカの新政権の中国政策を担当する高官がそうした組織の中枢にあったことには問題があり、改めての実態調査が必要だろう」

しかし民主党のバイデン政権の高官に対する保守系勢力からのこの種の批判には、党派性に基づく政治性があることも当然だといえよう。

だがバイデン政権の新高官の中国とのつながりとしては、同政権の国連大使に任命された黒人女性のリンダ・トーマス＝グリーンフィールド氏も孔子学院に招かれて、講演をしていたことを批判された。

同氏は本来、国務省のキャリア外交官としてアフリカ勤務経験などを積んできたが、トランプ政権が登場した二〇一七年には政府を離れた。そして民間のコンサルタント企業に就職した。

トーマス＝グリーンフィールド氏は二〇一九年十月、ジョージア州内のサバナ州立大学にある孔子学院に招かれ、講演をした。この時のテーマはアフリカだった。

同氏はその講演で中国政府のアフリカでの活動を賞賛し、とくに「一帯一路」への高い評価を語ったという。そしてその講演の謝礼として千五百ドルを受け取った。

その後、トーマス＝グリーンフィールド氏はバイデン政権の国連大使に任命され、その人事承認が上院外交委員会で審議された。その際に共和党のテッド・クルーズ議員らから孔子学院とのかかわりを追及されたのだった。

同議員らの追及は、「時の政権が明白に違法だと認定していた孔子学院の活動になぜ参加し、報酬まで得たのか」という趣旨だった。ちなみにその後、サバナ大学は校内の孔子学院を閉鎖した。

トーマス＝グリーンフィールド氏はこの追及に対して「当時の自分の判断が甘く、講演したことは過ちとして後悔している」と述べた。同時に同氏は、中国政府の孔子学院はじめ対米世論工作やロビー工作への反対をも表明した。

同氏はけっきょく二月二十三日に上院でその国連大使任命を承認された。だが表決は賛成七十八、反対二十と、なお議員たちの間にはかなりの反対があった。

このようにバイデン政権の高官たちと中国との過去の結びつきが指摘されることは、日本側でも認識しておくべきである。

この種の出来事は中国の対米工作の広範さや、中国への政策をめぐる民主党と共和党、リベラルと保守の姿勢の相違さをあらわす指針だともいえるだろう。

共産党政権の独裁や弾圧に理解を示した大統領

しかしバイデン政権の中国への柔軟さ、ソフトさはその後、バイデン大統領自身の新たな発言によっても示された。

バイデン大統領が中国共産党政権の独裁や弾圧に対して「それぞれの国の文化」と述べ、

それとない理解を示したのである。

アメリカ内部でも多方面で激しい反発の波紋を広げることとなった。

この発言はバイデン大統領が中国の習近平国家主席と電話会談をした直後の言明だった。だから同大統領が中国に対して、やはりトランプ前大統領とはまったく異なる融和の認識を抱いていることの例証とも受け取られた。

バイデン大統領は二月十六日、ウィスコンシン州ミルウォーキー市での市民集会に出て、同十日に中国の習近平国家主席と電話で会談した内容などについて語った。

ＣＮＮテレビが報道したそのバイデン大統領のこの市民集会での発言は、以下の内容だった。

「アメリカとしては中国当局の香港での抑圧、台湾への威迫、ウイグルでの虐殺的な工作などの人権弾圧には抗議をしていくことを習近平主席にも伝えた」

「しかし習近平主席としては、中国は団結して、堅固に管理される国家でなければならず、その理由の正当性のために（人権弾圧など）その種の行動をとるのだろう」

「文化的にはそれぞれの国に異なる規範があり、それぞれの国の指導者はその文化的な規範に従うことを期待される」

バイデン大統領の以上の発言は、中国政府の自国内での人権弾圧は「それぞれの国の文化」のため「それぞれの国の異なる規範」に従っている結果だとして、アメリカ側はなかば受け入れるべきだという意味に解釈された。

アメリカのメディアでも、ワシントンを拠点とする民主党寄りの政治新聞『ザ・ヒル』は二月二十二日付の社説で「バイデンは中国的特徴の人権を認めるのか」という見出しでバイデン大統領のスタンスを批判した。

同社説は「バイデン氏は選挙公約でも中国の人権弾圧を厳しく糾弾すると約束しながら、今回の習近平主席との電話会談では中国側の弾圧を中国なりの理由があるのだとして認めたのに等しい。中国的な特徴の特別な人権の扱いが許されてもよい、という態度だといえる」と論評した。

また同時に「人権問題は全世界普遍的な基準で判断されねばならず、『中国的特徴の人権』という概念は許されない」とも述べて、バイデン大統領の中国への姿勢を非難した。

ニューヨーク州を拠点とする保守系の新聞ニューヨーク・ポストも二月二十日付の「中国のウイグルのジェノサイドに対するバイデンの恐ろしい弁解」と題する見出しの社説で、バイデン大統領の中国に関する態度を厳しく批判した。

同社説は「中国当局のウイグル人の非人道的な扱いは国際規範に反する大量虐殺ジェノサイドであるという認定はトランプ前政権では大統領以下みな一致していたが、バイデン大統領はその中国の非人道的行動を『中国の文化』のせいにして許容しようとする」と述べ、バイデン氏の対中姿勢を糾弾した。

ニューヨーク・ポストのこの社説は以下の趣旨も述べていた。

「バイデン大統領はミルウォーキーの市民集会では彼が以前に習近平氏とともに三万キロもの長距離をともに旅をして、おたがいに親近感を深めるにいたったことも、懐かしそうに回想していた」

「新疆ウイグル自治区からはウイグル人収容所内で婦女暴行や殴打事件がさらに増えている情報が流れてくるが、アメリカの新大統領は中国のジェノサイドを事実上、認めるような言動をとっているのだ」

「バイデン大統領が一方で中国の人権弾圧を非難すると言明しながら、実際には習近平氏に同調して、ウイグル人数百万の民族浄化を黙認するのは、やはり彼の息子が中国側との疑惑のビジネスをさらに続けているからなのか」

以上のようにニューヨーク・ポストがバイデン氏の息子にあえて言及するのは、バイデン氏の次男ハンター氏と中国側で腐敗を糾弾された大企業経営者らとのメール交信を、不正の物証として二〇二〇年十月に最初に報道したのは同紙だったから、だという理由もあるだろう。

ワシントン拠点の保守系の政治紙ワシントン・エグザミナーも二月十八日付の社説でバイデン大統領のこの中国に関する発言を批判していた。

「習近平が身を屈めて、バイデンを征する」という微妙な表現の見出しだった。

その趣旨は以下のようだった。

「いまの中国で起きているようなグロテスクな弾圧を正当化できる文化の規範というのはこの世界には存在しない。バイデン大統領がその正当化を認めるような発言をすることは、アメリカの道義のリーダーシップを中国共産党の傲慢さに屈服させることとなる」

「いまの世界ではアメリカは民主主義と法の統治に基づくグローバルな未来を提供しているのに対して、中国は封建的な重商主義の未来を広げようとする。そんな時期のアメリカ大統領の中国に屈するような言辞は、他の諸国にも悪影響を与える。バイデン大統領は今回の発言を撤回すべきだ」

バイデン政権の発足以来、一ヵ月以上が過ぎて、注目されていた同政権の中国への態度もどうやらトランプ前政権とは基本的に異なることをもうかがわせる現象がちらほらと起き始めた、という感じである。

不吉な事態への前兆かも知れないのだ。

エピローグ

日本は国難とどう戦うのか

日本の集団的自衛権行使への期待

さて巻末でバイデン政権の日本にとっての意味を考えてみたい。

とくに気になるのはバイデン政権の中国に対する姿勢である。中国ファクターこそ、バイデン政権の日本に対する姿勢よりもまず関心をひかれてしまう。

なぜか。

バイデン政権の対中政策次第で米中関係がどう変わり、中国の対応がどうなって、日本にどう影響するか。この命題こそが日本の運命を左右するほどの巨大な重みを有しているからだ。

この命題への取り組みへのまず入口として、バイデン政権の日本への政策を考えてみよう。

まず確実なのは日米同盟の堅持である。

バイデン政権は日本に対してはアメリカ側の年来の政策の保持、つまり日米安全保障条約に基づく同盟関係の維持を基本としてあげている。

近年のアメリカの歴代政権はみな日米同盟の堅持が基本政策だった。民主党も共和党もこの点ではコンセンサスができあがっている。

アメリカがグローバル・パワーとしてアジアへの関与を続ける限り、日本との安全保障上の緊密な絆はまず最大の基礎となる、という基本政策である。

その背景には日米両国間の膨大な経済関係も存在する。さらにその背後には両国による民主主義や人権という普遍的な価値観の共有がある。

だからバイデン政権はこの基本に立脚して、日本に対する友好の態度を確実に示すだろう。

バイデン政権は外交全般についてはトランプ前政権が同盟諸国との関係を悪化させたので、その修復を図ると言明している。

しかし対日関係では、現実にはトランプ政権時代にかつてないほど日米の絆は強くなっていた。だから実際にはその「修復」という標語もあまり的を射てはいない。

むしろバイデン政権は安全保障面では、トランプ前政権と同様に日本の防衛負担の増大を求めるだろう。

日本が日米同盟の維持や有事の備えに公正な負担をしていないという不満は、民主党側にも年来、存在するからだ。

バイデン政権ではそのうえに、国内政策への傾斜から国防費の削減をうたっている。アメリカが同盟での抑止力を堅固のまま保つには、同盟国側の負担増加を要請することは自明の理屈だといえる。

バイデン政権は同様に、日本の集団的自衛権行使への期待も持っている。

歴代の民主党政権は、その要望を日本側に直接、ぶつけるか否かは別として、アメリカの東アジアでの有事での日本のふつうの同盟国なみの防衛協力を期待するという本音は変えてこなかった。

私自身、ワシントンでの長年の日米関係の取材活動で、そのアメリカ側の超党派の期待は数えきれないほど目撃し、認識してきた。その期待は究極的には日本の憲法改正にまでつながっている。

ただしバイデン政権が日本にその本音までをぶつけてくるか否かは、まだわからない。だが日本の在日米軍駐留経費や防衛費自体の増額を期待することは確実だろう。

一方、経済面ではアメリカの民主党の歴代政権は共和党政権にくらべて、日本に対して貿易問題での要望や圧力が強かった。民主党がアメリカ側の労働組合に支えられてきた歴史にも由来する傾向だった。

この体質はバイデン政権も同様である。だが日本にとっては幸運なことに、いまの日米経済関係ではアメリカ側が不満を抱く大きな懸案というのは存在しない。

日本の対米輸出が増大してアメリカ側の産業界に脅威を与える。あるいは日本側がアメリカの産業界が輸出を切望する農産品などに対して、関税などの輸入障壁を顕著に高くして、その修正を拒む。かつてはこんな状況下でアメリカ側の日本への抗議が激しくなった。一九八〇年代の日米自動車摩擦がその典型だった。民主党政権の時代にその傾向がとくに目立った。

だがこうした経済や貿易の構図は、いまところはないのである。

中国は日本への敵対政策に逆戻り

むしろ日本にとってのより大きな課題は、バイデン政権の対中政策に関してである。日本側に深刻な懸念を抱かせる中国がらみの展開がバイデン政権内外ですでにちらほら起きてきたことは、第六章で報告した。

バイデン政権の中国に対する政策はどうなるのか。

その対中政策が日本にどんな変化の波をぶつけてくるのかは、バイデン政権の対日政策自体よりも予測が難しく、不透明な側面が多いだけに、重大な意味を持つことになる。

その展望として浮上しているのは、日本にとっての国難と呼ぶべき危機の可能性である。

その理由を説明しよう。

バイデン政権の対中政策は、かなりの部分に強固さを保ちながら、トランプ政権の政策とは基本は異なるとみるのがまず適切だろう。

この観測の根拠については第六章で詳しく説明してきた。

そうなるとアメリカの中国への抑止や対決の要素は、これまでよりずっと減ることとなる。

トランプ前政権は中国に対しては全面的な対決姿勢だった。軍事面でも強硬な抑止策を保ってきた。

その結果、中国の軍事がらみの実害をもたらす年来の膨張はほぼ抑えられてきた。

バイデン政権では中国のその種の膨張に対する抑止が明らかにより柔軟に、消極的になるだろう。

その結果、中国はトランプ政権時代よりは積極的に前に出ることとなる。本来の対外戦略、対米政策、対日政策に対して課してきた抑制のブレーキをまた緩めることとなる。

中国は日本に対しても、本来の政策をまたあらわにしてくるわけである。

中国政府はここ数年、日本に対しては従来の基準からすれば融和的、友好的といえる態度をみせてきた。その変化は明らかに中国の対米関係の険悪化のためだといえた。

とくにトランプ政権がかつてない強硬な対中姿勢を明確にするにつれて、中国当局の日本への態度が和らいできた。アメリカと日本とを同時に敵とすることは避け、できれば日米両国の離反を図る、という意図が明白だった。

結果として中国は日本に対する年来の敵視傾向の政策を表面的には和らげるという態度をみせるようになった。かりそめの微笑外交だといえる。

では中国の日本に対する年来の基本政策とはなんなのか。その国家目標を簡単なリストにしてみよう。

・経済面での最大限の利益を目指す。
・日本の領土の尖閣諸島を、軍事手段を使ってでも獲得する。
・日本の安全保障態勢、つまり日米同盟に反対する。
・日本が求めるのとは異なる国際秩序の実現を目指す。
・中国国民に日本への敵意を抱かせる反日教育を続ける。
・政治目的のためにレアアースの輸出停止や、中国駐在の日本人の逮捕という経済威嚇手段をとる。
・中国の共産党独裁態勢の価値観を守り、日本の自由民主主義に反対する。

以上のような中国の対日政策はこのところ険悪さや敵性の度合いを減らしていた。だが現実に政策自体を変えたという兆候はなかった。アメリカとの関係悪化に対応する戦術的な対日融和の柔軟姿勢だといえた。

つまりはトランプ政権の中国に対する厳しい抑止政策の結果として、中国は日本に対する年来の敵性姿勢を緩めてきたのだった。

ところがアメリカの対中姿勢が和らげば、中国は日本への姿勢を本来の硬い基調へと戻せることになる。

米中関係が対決を薄めると、中国はそれまでの対外膨張的な動きへの抑制を減らすことになる。その結果、日本への態度も本来の敵対性を戻すことになる。こんな三国間の玉突きのような相関関係があるのだ。

その結果、次のような現象が予測される。

中国は日本に対してまず第一に、尖閣諸島への軍事的な攻勢を激しくするとみざるをえないだろう。

中国は日本の日米同盟主体の国家安全保障政策への年来の反対や抗議もまた強めることとなるだろう。たとえば日米共同のミサイル防衛の強化への反対である。

日本との経済関与でも、自国側の安保や政治の目的のために経済の絆を武器に使うという経済威嚇外交への抑制も減るだろう。

こうした状況は日本にとっては国難とも呼べる厳しい時代の到来だともいえよう。

日本は中国側が実害を受ける報復を！

では日本はどうすべきなのか。

残念ながら、まずは日米同盟の再強化だろう。

なんといってもアメリカとの連帯の強化、日米同盟の抑止力の増強は、日本の国家存立の基盤として欠かせない。

そのためにはバイデン政権に対しても有事の日本防衛の誓約の再確認を常に努めることである。その主対象が尖閣諸島であることはいうまでもない。

中国に対して日本への軍事力行使はアメリカへの軍事挑戦となる必然性を誇示することが抑止につながるわけだ。

同時に日本はバイデン政権に対して、強固で現実的な対中政策の構築と実行を間断なく求めていくべきである。

バイデン政権にとっても、インド太平洋戦略全体のなかで日米同盟は不可欠の支柱である。その日本の国家安全保障上の要請は軽視はできないだろう。

しかしアメリカ頼りばかりではいられない。

こんな国家の危機では日本はまず自国の国益を踏まえて、できる限りの独自の国家利益の追求、そして自立能力の強化を目指すべきだろう。

具体的には防衛面での尖閣諸島などでの軍事能力の増強である。

中国が軍事奪取を試みれば、日本は独自の戦力だけであっても必ず強固な反撃をする。そして中国側を撃退し、手痛い被害を与える。そうした能力と意思を持つことが、中国の攻撃を抑止することとなる。

同時に日本は中国の出方次第で、中国が嫌がる外交や政治の手段をとることも考えるべきである。

台湾との安保協力を強める。ウイグルや香港での中国政府の弾圧に抗議して、実際の制裁措置までを検討する。中国国営、国有企業の日本との取引への規制をも検討する。

要するに中国側が無法な行動に出れば、日本も報復に出て、中国側が実害を受ける措置をとる。その姿勢こそが中国側に無法な行動は必ずマイナスとなる、代償の支払いがともなうと認識させ、慎重にさせるわけだ。

経済面でも日本は中国への依存を一定範囲内に留め、中国側が日本のサプライチェーンの対中依存を人質にとって非経済の面で不当な要求を突きつけてくることを防ぐ、という針路を目指すこともできる。

日本はこうした独自の措置を考慮し、構築しながらも、民主主義の側、アメリカの側に立つオーストラリアやインドなどとの国際連帯を図ることもできる。

中国に対抗する国際協力の拡大や強化である。

このように日本は今後、バイデン政権の対中姿勢の軟化によって生まれる中国の攻勢激化に対して、つまり日本の国難に対しては、新たにとれる手段が多数あることを、最後に強調しておきたい。

著者略歴

古森義久（こもり よしひさ）

産経新聞ワシントン駐在客員特派員。麗澤大学特別教授。

1941年東京都生まれ。慶應義塾大学経済学部卒。米国ワシントン大学留学。毎日新聞社会部記者、サイゴン、ワシントン特派員、政治部編集委員を歴任。87年に産経新聞に移り、ロンドン、ワシントン支局長、初代中国総局長、ワシントン駐在編集特別委員兼論説委員を歴任。

ベトナム報道でボーン・上田記念国際記者賞、「ライシャワー核持ち込み発言」報道で日本新聞協会賞、東西冷戦終結報道で日本記者クラブ賞、『ベトナム報道1300日』（講談社）で講談社ノンフィクション賞、「大学病院で母はなぜ死んだか」（『中央公論連載』のちに中央公論社から単行本化）で編集者が選ぶ雑誌ジャーナリズム賞作品賞などを受賞。

主な著書に、『ODA幻想』（海竜社）、『モンスターと化した韓国の奈落』『新型コロナウイルスが世界を滅ぼす』『米中激突と日本』（以上、ビジネス社）など。

アメリカの悲劇！

2021年4月14日　第1版発行

著　者　古森 義久
発行人　唐津 隆
発行所　株式会社ビジネス社
〒162-0805　東京都新宿区矢来町114番地　神楽坂高橋ビル5階
電話　03(5227)1602（代表）
FAX　03(5227)1603
http://www.business-sha.co.jp

印刷・製本　株式会社光邦
カバーデザイン　大谷昌稔
本文組版　茂呂田剛（エムアンドケイ）
営業担当　山口健志
編集担当　中澤直樹

ISBN978-4-8284-2267-1

ビジネス社の本

モンスターと化した韓国の奈落

アメリカが反日・文在寅を断罪する

定価　本体１４００円＋税

ISBN978-4-8284-2150-6

古森義久……著

ワシントンからみた反日・韓国疲れの真実！
「韓国はきわめて無責任な国家だ！」
（エドワード・ルトワック）
やがて悲しき墜落をむかえる韓国の悲劇。
日韓激突の非は韓国にある！
現実を直視しない国家に明日はない！

本書の内容

第一章　アメリカも失望した韓国の反日
第二章　日韓対立、非は韓国にあり
第三章　トランプ大統領は文在寅大統領が嫌いだ！
第四章　韓国はなぜ「反日」しかないのか
第五章　米韓関係は破局なのか
第六章　日米韓関係、その屈折した歴史
第七章　赤化する朝鮮半島、日本がとるべき針路